Estado e Políticas de Gestão Pública

Uma análise garantista em municípios do noroeste Rio-grandense

Rodrigo Severo

Contents

Prefácio

Estado e políticas de Gestão Pública: Uma análise garantista em municípios do noroeste Rio-grandense foi apresentado e defendido como dissertação de Mestrado em meados de 2017 no programa de pós-graduação em Desenvolvimento e Políticas Públicas da Universidade Federal da Fronteira Sul, como requisito parcial para obtenção do título de mestre em Desenvolvimento e Políticas Públicas. Tendo como orientador o Professsor Dr. Gentil Corazza, componentes da banca de defesa os Professores Dr. Edemar Rotta e Kátia Sé Mello.

Em um contexto no qual a Administração Pública sofre com a falta de proficiência e probidade, os governos necessitam de políticas de gestão que possam renová-la. Esta dissertação de mestrado é resultado de uma pesquisa pertencente à vertente jurídico-teórica. A metodologia utilizada de natureza qualitativa, e a motivação, com fins exploratórios, é a melhoria da proficiência da Administração Pública por meio de Políticas de Gestão Pública. O objetivo do estudo foi mapear, analisar e compreender, a partir de um ponto de vista garantista, as Políticas de Gestão Pública. Inicialmente, por meio de pesquisa bibliográfica, foi realizado um estudo histórico, conceitual e legal do Estado e da Administração Pública. Em seguida, foi construído um referencial teórico com base na doutrina e na lei, que permitiu compreender o que são estas políticas. Para dar suporte fático, por meio de uma pesquisa telemática-documental, foram selecionados no âmbito da Administração Pública do poder executivo em quatro municípios da mesorregião Noroeste Rio-grandense – Erechim, Ijuí, Santo Ângelo e Santa Rosa –

os instrumentos de planejamento orçamentário e de gestão – PPA , LDO e LOA. Em termos analíticos, com o propósito de reconhecer a visibilidade e o protagonismo destas políticas, foram mapeadas suas prioridades e tendências em quatro domínios (áreas) – "Papel do Estado, arquitetura organizacional e de serviços administrativos"; "Ajuste fiscal, arrecadação e controle"; "Qualidade e transparência na prestação dos serviços públicos"; e "Políticas de recursos humanos" –, além da identificação do alinhamento entre os instrumentos. A literatura confirmou a visibilidade e a necessidade de seu protagonismo, destacando que a Administração Pública deve ser pensada a partir de uma concepção de Política Pública, balizada na subordinação aos preceitos constitucionais. O suporte fático permitiu confirmar o alinhamento entre os instrumentos e o protagonismo das Políticas de Gestão Pública, priorizando as de "recursos humanos", em meio às 167 intervenções nos quatro domínios. O estudo demonstrou que a maior parte dos governos municipais têm se preocupado em orientar e planejar os rumos de suas Administrações por meio de Políticas de Gestão Pública, bem como, executá-las em prol de uma proficiência administrativa, e em garantia de um bom governo e de uma boa Administração. Dessa forma, o protagonismo e o constante aperfeiçoamento das Políticas de Gestão Pública tornam-se de fundamental importância para minimizar problemas decorrentes da falta de proficiência e probidade da Administração Pública.

1 INTRODUÇÃO

"A ciência se faz não apenas com entendimento frio, mas também com a plenitude da alma. Só assim se produz algo que encerra valor".
Max Weber

O objetivo deste primeiro capítulo é apresentar uma breve contextualização acerca das principais questões que inspiram a proposição central deste trabalho. Expõe-se o tema, problema, objetivos traçados, delimitações, justificativa para realização do estudo, e a proposta de organização da pesquisa, além do cenário no qual as Políticas de Gestão Pública se inserem.

A Administração Pública representa o governo em ação; e o Estado, soberanamente, é quem reconhece, garante, positiva e promove direitos fundamentais, infraestrutura e indução do desenvolvimento. E, para satisfazer as demandas sociais de forma competente, como prevê a Constituição Federal de 1988, a Administração Pública deve, além de formular, implementar, executar e avaliar políticas públicas (atividade-fim), que atendam as necessidades da população, também espectar as Políticas de Gestão Pública (atividade-meio) promotoras de ações e medidas instrumentais que criam e viabilizam condições de gestão, com o propósito de tornar a Administração Pública proficiente e apta a concretização de políticas públicas finalísticas e que resultem em bens e/ou serviços ofertados à sociedade.

Neste contexto, introduzido sucintamente o tema objeto de pesquisa – Estado e Políticas de Gestão Pública –, a presente dissertação tem como propósito compreender as Políticas de

Gestão Pública em quatro Administrações Públicas municipais da mesorregião Noroeste Rio-grandense. E para isso, inicialmente, por meio de pesquisa bibliográfica, faz-se um estudo histórico, conceitual e legal do Estado e da Administração Pública como organização instrumentalizadora do Estado, e em seguida se apresentam as Políticas de Gestão Pública. Para dar suporte fático ao trabalho, destacam-se, no âmbito da Administração Pública, o Plano Plurianual (PPA), a Lei de Diretrizes Orçamentárias (LDO) e a Lei Orçamentária Anual (LOA), como instrumentos de planejamento governamental.

É a partir da identificação destes instrumentos que mapeiam-se e analisam-se as Políticas de Gestão Pública do poder executivo das Administrações Públicas em quatro municípios da mesorregião Noroeste Rio-grandense[1], que se destacam pela sua importância econômica, social e política regional. Mesorregião que é território de inserção social da Universidade Federal Fronteira Sul – UFFS, fazendo parte de uma área maior que compreende a mesorregião Grande Fronteira do Mercosul. Este campo empírico permitirá o mapeamento das políticas em domínios específicos, e a posterior análise, compreendendo as prioridades, frequência, aporte legal e tendências dos governos na adoção de Políticas de Gestão Pública, além de servir de referencial comparativo para casos heterogêneos de políticas de gestão para Administrações Públicas municipais que pretendam promover ações e medidas instrumentais que criem ou viabilizem melhores condições de gestão.

Um projeto de estudo dificilmente se constitui num corpo ideal que englobe todos os aspectos e facetas abrangentes da análise de determinado tema. Deste modo, como delineamento, opta-se, a partir dos dois últimos períodos de planejamento orçamentário e de gestão, mapear, analisar e compreender a estrutura das Políticas de Gestão Pública que os governos têm adotado, considerada sua importância na promoção de ações e medidas instrumentais com o propósito de tornar a Administração Pública proficiente.

Com relação as limitações, importa destacar que a administração privada, diferentemente da pública, dispõe de indicadores objetivos, como o lucro, para apurar sua eficiência. Na Administração Pública não são tão claros os indicadores para esta aferição, e nem mesmo se justificam, pois o agir administrativo deve ser proficiente e dotado de qualidade no prestar o serviço público. Portanto, neste contexto, a análise da "eficiência" das Políticas de Gestão Pública fica prejudicada, e nem mesmo ter-se-ia uma "fita métrica" para medir sua qualidade. Diante de tal cenário, opta-se pelo mapeamento, análise e compreensão da estrutura destas políticas; pesquisa que será sem sombra de dúvidas um importante passo no processo de visibilidade e compreensão do necessário protagonismo destas políticas.

A literatura sobre o tema que envolve as Políticas de Gestão Pública costuma enfatizar dois elementos importantes da mesma, que são o protagonismo e a visibilidade. É a partir desses elementos que o presente estudo pretende orientar-se, formulando três hipóteses: primeiramente, a compreensão, a partir do referencial teórico, da visibilidade das Políticas de Gestão Pública, e de que estas promovem ações e medidas instrumentais para tornar a Administração Pública proficiente, garantindo uma boa Administração e um bom Governo; a percepção sobre a ausência de um protagonismo destas políticas nas Administrações Públicas municipais; e, a confirmação, a partir da compreensão de sua estrutura, de que existe um aporte legal que ratifica estas políticas, mesmo em meio a discricionariedade que permeia o poder decisório do governante.

O problema é uma questão não resolvida, e uma espécie de mola propulsora que orienta toda a pesquisa. Assim, considerando que a Administração Pública tem o dever de proficiência, e as Políticas de Gestão Pública promovem ações e medidas instrumentais para tornar a Administração Pública capaz e eficiente, e garantir uma boa Administração Pública e um bom Governo; com o propósito de mapear, analisar e compreender estas políticas em âmbito municipal, o referido problema se coloca na forma da seguinte pergunta: O que são as Políticas de Gestão Pública, e como estão estruturadas dentro do planejamento governamental das Administrações Públicas municipais? E, para responder a esta pergunta organiza-se um roteiro de estudos que tem como objetivo principal mapear, analisar e compreender – a partir de um ponto de vista garantista – na estrutura do planejamento governamental, as prioridades, tendências e alinhamento das Políticas de Gestão Pública dentro destes instrumentos.

Deste modo, para que o objetivo geral seja atendido, definem-se alguns objetivos específicos que procuram articular uma trajetória de compreensão e análise, a fim de operacionalizar a pesquisa, dentre os quais destacamos: definir as Políticas de Gestão Pública, a partir da construção de um referencial teórico balizado na doutrina e na lei, bem como na compreensão de seu protagonismo para Administração Pública; mapear em domínios as intervenções de Políticas de Gestão Pública esboçadas nos PPAs, LDOs e LOAs; analisar as Políticas de Gestão Pública que os governos municipais têm adotado ao longo de dois períodos de planejamento orçamentário e gestão; compreender a partir de um viés garantista, a estrutura, prioridades e tendências das Políticas de Gestão Pública; contribuir com o debate sobre gestão pública, e as políticas, que dão concretude às ações das Administrações Públicas.

Tais objetivos, ao visarem o estudo de dinâmicas como a gestão dos municípios, e abordando temas como planejamento, gestão e estratégias de desenvolvimento e inovação social, salientam um tema central do Programa de Mestrado em Desenvolvimento e Políticas Públicas da Universidade Federal da Fronteira Sul – UFFS, que se propõe a uma análise contextualizada de movimentos concretos em torno do desenvolvimento e das políticas públicas.

O esforço constante no sentido de melhorar a Administração Pública é uma característica da contemporaneidade, e os governos têm buscado novos instrumentos para tornar a gestão pública apta a atender as necessidades sociais. O PPA, LDO, e LOA são instrumentos importantes para o planejamento governamental. As Políticas de Gestão Pública esboçadas nestes instrumentos legais tornam-se o primeiro passo para a organização da capacidade do Estado, e consequentemente da Administração Pública, compreendida o conjunto de agentes, órgãos e entidades públicas que exercem a atividade estatal. O tema gestão pública torna-se medular para a real efetividade dos direitos sociais, coletivos e individuais. Disto, provém a necessidade de compreender as Políticas de Gestão Pública delineadas pelos governos para enfrentar, e contornar os problemas relacionados a falta de capacidade, probidade e eficiência da Administração Pública.

O que nos identifica de modo especial com o tema proposto é a compreensão de que o Estado tem larga importância na delimitação dos contornos da sociedade, e a Administração Pública tem o dever de conduzir estas ações de forma proficiente. É a partir da experiência como Procurador jurídico do Município de Santa Rosa – RS, especialista em direito constitucional, bacharel em ciências contábeis, e docente na área de direito que o autor procura se apropriar do conhecimento para promover o debate apresentado. O assunto é desafiador e valioso para esta área do conhecimento. O caminho de produção do conhecimento será muitas vezes seguido sozinho. Mas, ao final do idealismo, percebe-se que o processo de conhecimento não teria sido valioso se não fosse compartilhado. Portanto, é deste lugar que o autor assume o desafio de conduzir responsavelmente sua pesquisa, não almejando esgotar o tema, mas se propondo conceber um debate sob o enfoque legal.

Neste contexto, pode-se afirmar que as Políticas de Gestão Pública promovem ações e medidas instrumentais – intervenções em diferentes domínios – com o propósito de tornar a Administração Pública proficiente. Já as políticas públicas finalísticas têm como alvo direto a sociedade, sua atividade-fim. As Políticas de Gestão Pública – atividade-meio – atingem indiretamente a sociedade, e possuem estreita relação com aquelas, uma vez que são estas que dão tonicidade a Administração Pública, estudando e compreendendo as necessidades da gestão pública para que possa atuar de forma proficiente na formulação e implementação das políticas públicas finalísticas.

Atualmente muito se produz num contexto teórico sobre reforma administrativa, gestão pública e políticas públicas, mas pouco se conhece e se escreve sobre Políticas de Gestão Pública, e muito menos a partir de dados reais junto as Administrações Públicas, em especial as municipais, dificuldade esta que foi confirmada ao longo da pesquisa, em virtude da ausência de obras que apresentem e discutam a respeito de "Políticas de Gestão Pública". E, se, o que se explora nas políticas, programas, planos e ações voltados para gestão pública é suscetível de identificação nos Governo Federal e estadual, não é tão facilmente no ente que mais tem proximidade com as pessoas, o Município. A literatura sobre o tema salienta que a melhoria na qualidade da gestão pública não se dará por "reformas administrativas", e sim quando esta for tratada como problema de política pública. E, apropriando-se deste cenário a pesquisa procura fortalecer a compreensão a partir da tonificação da teoria e do cotejamento com a realidade.

A investigação científica depende de um conjunto de procedimentos para que seus objetivos sejam atingidos, esses procedimentos são métodos científicos que procuram racionalmente orientar o processo de pesquisa. Ou seja, se trata do caminho, do trajeto que o pesquisador deverá percorrer até atingir o seu propósito, para que o leitor tenha a percepção de quais recursos e obstáculos o pesquisador enfrentou durante a jornada. Neste sentido, os procedimentos metodológicos a serem seguidos nesta investigação podem ser assim definidos: síntese – mapeando, reunindo, organizando e esquematizando informações; análise – analisando, comparando, examinado e investigando; e, compreensão – identificando, descrevendo, examinando, discutindo e explicando.

O objeto de estudo aponta a importância do protagonismo das Políticas de Gestão Pública na promoção de ações e medidas instrumentais que tornem a Administração Pública proficiente. Já o objeto de pesquisa orientado por meio da exploração, tem por objetivo mapear, analisar e compreender – a partir da pesquisa documental nos PPA, LDO e LOA – as políticas de gestão em quatro Administrações Públicas de municípios da mesorregião Noroeste Rio-grandense.

A presente pesquisa pertence à vertente jurídico-teórica, e classifica-se do ponto de vista da abordagem do problema como qualitativa, pois o propósito é compreender os fatos, as informações e os processos por meio da observação dos fenômenos, mapeando, analisando e compreendendo a realidade. E com fins exploratórios quanto aos seus objetivos, proporciona maior familiaridade com o problema, com vistas a torná-lo explícito. Apropria-se de três meios de investigação: a pesquisa bibliográfica, fornece instrumental analítico; a telematizada busca informações em meios que combinam internet e computação; e a documental realiza a coleta de dados primários em documentos de órgãos públicos.

A primeira etapa no processo metodológico foi no sentido de buscar bibliografia para compor um referencial teórico que permitisse a compreensão do objeto de estudo, possibilitando a posterior análise e compreensão. A pesquisa bibliográfica abrange boa parte da literatura já tornada pública em relação ao tema de estudo, e é desenvolvida a partir de material já elaborado, constituído principalmente de livros e artigos científicos. Os resultados esperados com a pesquisa serão atingidos com uma base metodológica bem definida, por isso a abordagem qualitativa permitirá, ao manusear os referenciais bibliográficos já produzidos sobre o tema, construir um aporte teórico e legal, possibilitando compreender em suas diversas abordagens o domínio que se inserem as Políticas de Gestão Pública.

No referencial teórico buscou-se o embasamento por meio de conceitos e definições legais sobre temas relacionados ao Estado; à Administração Pública, seus princípios e legislação; ao governo; à gestão pública; as políticas públicas; e, às Políticas de Gestão Pública. E, para melhor organizar e operacionalizar, esta dissertação foi dividida em cinco capítulos, que permitiram atingir os objetivos propostos, analisando e compreendendo – a partir de um ponto de vista garantista – na estrutura do planejamento orçamentário e de gestão, as prioridades, frequência, aporte legal e tendências das Políticas de Gestão Pública em quatro Administrações Públicas municipais.

Procedida a identificação do material bibliográfico, procura-se direcionar a investigação para a pesquisa documental, tendo em vista que nas organizações públicas é possível a coleta, e análise de documentos, com o propósito mapear, analisar e compreender as políticas voltadas para a gestão pública. Sabe-se que a pesquisa documental é um estudo feito com base em material publicado em livros, revistas, jornais, redes eletrônicas, isto é, material acessível ao público em geral. Por sua vez, em termos analíticos, a técnica utilizada é a de "análise de conteúdo" que consiste num conjunto de ferramentas de análise, se utilizando de procedimentos sistemáticos e objetivos de descrição dos conteúdos através de três passos: a pré-análise, exploração, e tratamento dos resultados por meio de inferência e interpretação. Esta técnica segundo Bardin (2006) se propõem a ultrapassar o subjetivismo e alcançar o rigor científico.

Tanto para o leitor, quanto para o pesquisador, o percurso percorrido para a coleta de dados deve estar claramente desenhado. Portanto, a escolha dos documentos, e a forma de acesso a estes, são importantes para a posterior reprodução da pesquisa; não se tratando de um processo aleatório, mas em função de um propósito. Neste sentido, que o pesquisador apresenta o quadro 01 ao final desta exordial, facilitando a compreensão do caminho que foi percorrido ao longo da pesquisa.

Assim, ao nível empírico, o estudo parte inicialmente da pesquisa de dados primários nos instrumentos de planejamento orçamentário e de gestão, compreendido os últimos dois períodos de 2010-2013 e 2014-2017. Delimitação temporal que é justificada também pela identificação do alinhamento entre o PPA, LDOs e LOAs, e possíveis tendências de manutenção ou de supressão das políticas ao longo dos períodos. Desta forma, será possível inferir, a partir da manutenção (ou não) da política, se esta atingiu seu propósito ou teve que se manter ainda em pauta no próximo período.

Para o levantamento destes documentos foram acessados sites oficiais dos municípios selecionados. Porém, no caso dos municípios de Ijuí e Santo Ângelo ainda foi necessário o contato via e-mail, uma vez que algumas planilhas essenciais para a coleta dos dados não constavam anexas. Desta forma, não haverá dificuldades com relação ao acesso dos dados, um pouco devido as próprias Políticas de Gestão Pública destes municípios, em especial as que dão atenção ao domínio da qualidade e transparência na prestação dos serviços públicos.

Os dados primários são extraídos da realidade, pelo trabalho do próprio pesquisador, ou seja, por não se encontrarem registrados em nenhum outro documento. Este tipo de pesquisa visa, assim, selecionar, tratar e interpretar essa informação bruta, buscando extrair dela algum sentido e introduzir lhe algum valor, podendo, desse modo, contribuir com a comunidade científica. De posse dos dados, estes foram organizados e esquematizados – mapeados – e analisados com base em domínios (tema), com o propósito de extrair o sentido da política comunicada, no documento identificado – PPA, LDO e LOA. No entanto, a precocidade ainda existente no processo de planejamento orçamentário e de gestão, e a falta de um referencial homogeneizado levaram a falta de um formato padrão nestes documentos de planejamento governamental. Motivo este, que confirma ainda mais a necessidade do estudo com o propósito de contribuir para o debate sobre gestão pública.

Com relação a delimitação geográfica, esta teve como propósito oportunizar uma compreensão da realidade local. A amostra teve como referência para a pesquisa as Administrações Públicas de quatro municípios que compõem a mesorregião Noroeste Rio-grandense, que é uma das sete mesorregiões do estado do RS, formada pela união de 216 municípios agrupados em treze microrregiões (IBGE, 2017). Dentro deste universo, tomou-se como critério, isento de subjetividade, para seleção da amostragem, e redução da delimitação geográfica, a conveniência, por meio da seleção das quatro maiores Administrações Públicas que tenham em seus sites disponibilizados os documentos necessários para a coleta de dados, ficando de fora do universo de pesquisa os demais municípios; e, Passo Fundo com aproximadamente 200.000 habitantes, por destoar dos demais com relação ao número de habitantes: Erechim com 96.087, Ijuí com 78.915, Santo Ângelo com 76.275, e Santa Rosa com 68.587 (IBGE, 2017). Esta delimitação geográfica é em atenção a proposta de dar ênfase a compreensão da realidade regional, onde a Universidade Federal da Fronteira Sul – UFFS esta inserida – mesorregião Grande Fronteira do Mercosul – que compreende parte dos estados do Paraná, Santa Catarina e Rio Grande do Sul.

Portanto, para que seja possível atingir o intento desta dissertação, a pesquisa está organizada em três fases: na fase de pré-análise (1ª Fase) foram organizados todos os dados obtidos através da pesquisa bibliográfica e documental, com a referenciação dos indicadores, codificação, categorização em domínios, elaboração dos quadros de coleta, e identificação dos PPA, LDO e LOA. Para que, em seguida, na fase de exploração (2ª Fase) as Políticas de Gestão sejam mapeadas.

A codificação correspondeu a uma transformação que permite atingir uma representação do conteúdo, pois ao longo dos quadros de coleta é possível compreender se a política foi coletada no PPA, LDO ou LOA. Após, segue-se para a categorização, que consiste na classificação de elementos constitutivos de um conjunto, por diferenciação e, seguidamente, por reagrupamento em razão dos caracteres comuns segundo o gênero com os critérios previamente definidos. A unidade de registro de categorização será o "tema" tratado pela intervenção de Política de Gestão Pública, identificada dentro da estrutura programática e de informações do PPA, LDO e LOA.

A categorização em domínios de intervenção – proposição e execução – teve como referência os ensinamentos apresentados por Francisco Gaetani (2004) e Fernando de Souza Coelho (2015), de onde se obteve, a partir de uma adequação entre os dois autores, a seguinte categorização adotada no trabalho: Papel do Estado, arquitetura organizacional e de serviços administrativos; Ajuste fiscal, arrecadação e controle; Qualidade e transparência na prestação dos Serviços Públicos; e, Políticas de recursos humanos.

Posteriormente, com a unidade de registro e o mapeamento, foi possível analisar as tendências entre os dois períodos, e as prioridades em Políticas de Gestão Pública. Em seguida, a frequência e compreensão destas políticas, bem como o aporte constitucional que as ratificam. E, por fim, a análise do alinhamento entre os instrumentos – PPA, LDO e LOA.

Passada a fase de exploração (2ª Fase). E, com o referencial teórico identificado, as hipóteses previamente elaboradas ratificadas, e a base de procedimentos metodológicos definidos, foi possível avançar em direção a etapa de análise de conteúdo (3ª Fase), que compreendeu a inferência e interpretação dos dados coletados, fundamentos e compreensão, cotejados com o referencial teórico e legal. A terceira fase do processo de "análise de conteúdo", analisa os resultados, estabelecendo relação entres estes e o referencial teórico construído. Inferindo, e analisando as prioridades e tendências das intervenções de gestão mapeadas. Possibilitando, assim, uma melhor compreensão acerca dos domínios em políticas de gestão existentes, considerando os planos, programas e ações que gravitam ao redor da promoção de ações que viabilizem uma Administração Pública proficiente.

Quadro 01: Etapas da pesquisa

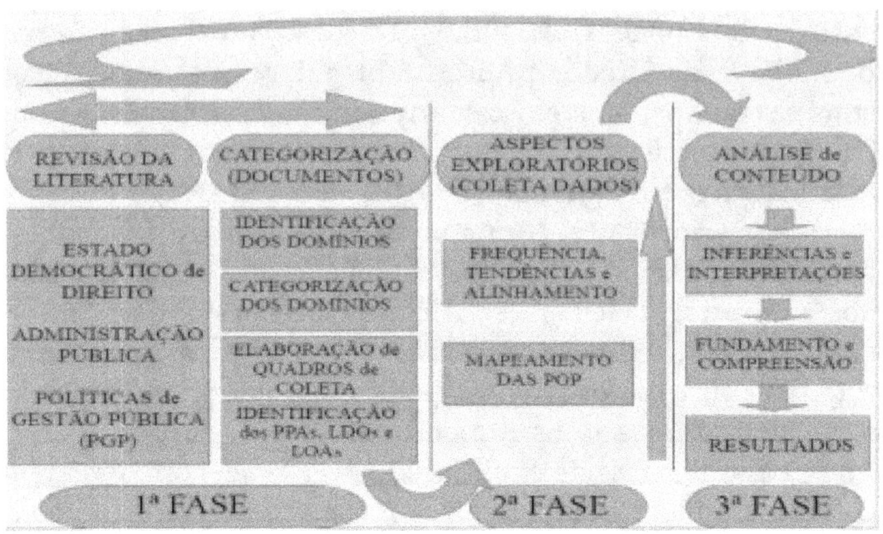

Fonte: elaboração própria do autor.

Levando-se em consideração todos os procedimentos já mencionados nesta Introdução e visando atingir os objetivos propostos, esta dissertação encontra-se estruturada em cinco capítulos assim definidos. No Capítulo 1, a Introdução aborda sucintamente o tema, o problema, objetivos e procedimentos metodológicos que guiarão a pesquisa. No Capítulo 2, denominado de "Estado e Administração Pública" pretende-se apresentar as principais categorias de análise referentes a esses temas, tendo em vista sua utilização para a compreensão tanto das Políticas de Gestão Pública como dos dados empíricos relativos a essas políticas. No Capítulo 3, denominado de "Governo e Políticas de Gestão Pública", procura-se analisar os conceitos de governo e Políticas de Gestão Pública e as especificidades de sua prática no caso brasileiro, tendo em vista sua aplicação ao caso dos municípios em estudo neste trabalho. No Capítulo 4, intitulado de "Análise das Políticas de Gestão Pública em Administrações municipais do Noroeste Rio-grandense", procura-se fazer uma análise empírica e uma avaliação crítica da realidade dessas políticas no caso concreto das Administrações Públicas desses municípios. E, no Capítulo 5, as Considerações Finais.

Ao final, atingidos os objetivos traçados, sem a pretensão

de exaurir o conteúdo, a literatura existente confirma a importância do protagonismo e da visibilidade destas políticas para uma Administração Pública proficiente, bem como identifica-se esse protagonismo e visibilidade nas Administrações Públicas pesquisadas, com a exceção de uma delas. Além disso, a compreensão das tendências e prioridades em Políticas de Gestão Pública permitiu averiguar quais domínios (áreas) recebem mais atenção e, também, observar a fundamentação legal – não discricionariedade – da proposição destas políticas na estrutura de planejamento orçamentário e de gestão.

Dessa forma, sucintamente, aponta-se as Políticas de Gestão Pública como políticas sistêmicas, que afetam a estrutura da Administração Pública. São políticas de atividade-meio, entendidas como um conjunto de ações e medidas instrumentais de otimização organizacional que procuram promover a capacidade da Administração e a eficiência na gestão. É neste contexto que erguem-se as Políticas de Gestão Pública – não tão naturalmente, o que ao longo da pesquisa se confirma – como promotoras de ações e medidas para o agir proficiente da Administração Pública. Auxiliam no processo de planejamento e de execução orçamentária governamental, viabilizando alternativas criativas e inovadoras em tecnologia, portais de transparência, capacitação de servidores, reestruturação administrativa e de cargos, programas de qualidade, modernização da gestão, governo eletrônico, arrecadação e fiscalização, atendimento ao cidadão, modelagem organizacional, auditoria e controle, entre outras.

Nas considerações finais será apresentado uma síntese dos resultados da pesquisa nas Administrações Públicas de alguns municípios na mesorregião Noroeste Rio-grandense, com arrimo no cotejamento da literatura existente e da coleta empírica, inferindo-se a importância destas políticas para a gestão pública, e consequentemente para a promoção de ações e medidas instrumentais para tornar a Administração Pública proficiente, apta a garantir uma boa Administração Pública e um bom Governo.

2 ESTADO E ADMINISTRAÇÃO PÚBLICA

Este capítulo está dividido em duas partes, que se propõem a apresentar noções essenciais para a compreensão do tema em questão, como a matriz orientadora e aportes conceituais de Estado democrático de direito e Administração Pública – seus princípios e reformas. São expostas também as bases legais e jurídicas, assim como a classificação tipológica destas referências.

A importância destas noções passa pela necessidade de compreender as inter-relações que envolvem estes atores, conforme aponta Souza (2006, p. 25) em sua obra: "As políticas públicas repercutem na economia e nas sociedades, daí por que qualquer teoria da política pública precisa também explicar as inter-relações entre Estado, política, economia e sociedade".

Ao final deste capítulo será possível inferir que o Estado, em especial o Município por ser o ente mais próximo, desempenha papel significativo ao longo da história da humanidade. E, é por meio da Administração Pública que o Estado possui competência para o exercício de atividades administrativas – administração da *res pública* (coisa pública em latim) –, executando políticas públicas, respeitando normas e princípios constitucionais, como a legalidade, impessoalidade, moralidade, publicidade e eficiência. O protagonismo do Estado como agente de intervenção na resolução de um problema público está na atuação proficiente – capaz e eficiente – da Administração Pública. Assim, conduzindo o Estado e a sociedade em direção a satisfação do interesse público, e a garantia de um avanço em direção a concretização do Estado democrático de direito fundado na soberania, cidadania, dignidade da pessoa humana, valores sociais do trabalho e da livre iniciativa e pluralismo político – artigo 1º da Constituição Federal de 1988 (BRASIL, 2015, p. 02).

2.1 Estado Democrático De Direito

O Estado moderno, detentor de capacidade política, legitimidade e governabilidade, em sua crescente afirmação de cidadania, tem o compromisso de facilitar e prover o acesso ao direito fundamental à boa Administração Pública, capaz e eficiente – proficiente –, proporcional cumpridora de seus deveres, com transparência, sustentabilidade, motivação equivalente, imparcialidade e respeito à moralidade, à participação social e à plena responsabilidade por suas condutas omissivas e comissivas (FREITAS, 2014, p. 21).

Deste cenário, é inteligível afirmar que o Estado moderno é uma instituição social[2], podendo ser definido como a organização político-jurídica de uma sociedade. E o governo é o responsável pela condução da gestão pública. Já a Administração Pública é quem instrumentaliza as ações do Estado, sob a gestão de um governo legitimamente eleito, e, é em qualquer nível, um dos principais atores na formulação e promoção de políticas públicas. A Administração esta que têm sofrido transformações ao longo dos tempos, em particular, motivado pelas mudanças ocorridas na sociedade contemporânea que a direcionam para novos rumos, como atender as demandas sociais, mas também revendo sua estrutura, procedimentos e formas de formulação e promoção de políticas públicas, assim, adaptando-se aos desafios da atualidade (CARNEIRO, 2010, p.01).

Essa demanda social é confirmada em trecho da ementa de acórdão onde é postulado o exercício de direito constitucional do Estado prestar assistência a educação, o relator Moreira Diniz menciona que não se justifica a existência de uma Administração Pública incapaz:

> A educação constitui direito indisponível de todos e dever do Estado e da família, devendo ser promovida com a colaboração da sociedade, conforme os ditames constitucionais. O direito à creche ou a instituições congêneres é consagrado em regra com normatividade mais do que suficiente, porquanto se define pelo dever, indicando a própria Administração Pública como o sujeito passivo. **Não se justifica a manutenção de uma Administração Pública incapaz de preservar a educação de seus próprios cidadãos, visto que a gestão pública não é um fim em si mesma, mas se justifica no bem estar e preservação da qualidade de vida dos administrados.** (MINAS GERAIS. TJ, 2016a, grifo nosso).

Nesta perspectiva, onde o Estado é o indutor de desenvolvimento social, merece espaço importante, a necessidade da ciência debater e construir novos referenciais teóricos acerca de políticas públicas e de gestão pública na procura por tornar a Administração Pública proficiente no seu mister de atender as necessidades de uma boa Administração Pública e de um bom Governo.

A transparência, corroborada pelo princípio da publicidade, também merece prioridade, com a abertura das portas do "Castelo Kafkaniano"[3], em referência a necessidade de os governos moverem a Administração Pública no sentido de ser mais transparente, produzindo informações e oportunizando o acesso dessas a sociedade. Confirma essa perspectiva fragmento do planejamento governamental de 2012-2015 do Governo Federal, ao afirmar que:

> [...] **soluções e inovações em planejamento e gestão são políticas essenciais para maximizar a utilização dos recursos públicos.** Os desafios do País para os próximos anos

> não são poucos, e **as transformações sociais exigem cada vez mais do Estado** a garantia do bem-estar de todos. Para superar esses desafios **é indispensável dotar o Estado de mecanismos para a busca contínua da eficiência, eficácia e efetividade** do gasto, de forma que ele esteja **apto a promover e induzir a entrega de bens e serviços à sociedade** [...]. (PLANEJAMENTO..., 2011, p. 07-08, grifo nosso).

Nesta linha, além da necessidade cada vez maior do Estado como indutor de desenvolvimento social, é possível identificar, no excerto acima, a importância do planejamento governamental e de Políticas de Gestão pública, para que por meio de uma Administração Pública proficiente possa se concretizar este desenvolvimento por meio de políticas públicas. Preocupação que fica também explicita em outro trecho:

> O fortalecimento do Estado é um dos pilares dessa estratégia, e o aprofundamento deste cenário de desenvolvimento com redução das desigualdades, em especial o compromisso de erradicar a extrema pobreza, requer um Estado indutor e promotor das mudanças **a partir de políticas públicas** construídas por meio do diálogo social e do pacto federativo. (PLANEJAMENTO..., 2011, p. 07, grifo nosso).

O nascimento deste Estado indutor do desenvolvimento social pode ser explicado a partir de dois modelos, o jusnaturalista e o tradicional. Este último apresenta uma concepção política trazida por Aristóteles, que explica o Estado moderno a partir de uma construção histórica e de evolução, surgindo de círculos menores, como a família e a aldeia, para círculos mais abrangentes, chamados de *Polis*, que culminariam no Estado, como forma perfeita de organização (MATIAS-PEREIRA, 2014, p. 16; BOBBIO, 2007, p. 61, 74).

Já o modelo jusnaturalista tem como objetivo desenvolver uma teoria racional do Estado. Bobbio (2007, p. 61) sustenta que o Estado é estudado em si mesmo, em suas estruturas, funções, elementos constitutivos, órgãos etc., como um sistema complexo considerado em si mesmo e nas relações com os demais sistemas contíguos. Portanto, o Estado moderno, entendido como ordenamento político de uma comunidade, nasce da dissolução da comunidade primitiva fundada sobre laços de parentesco e da formação de comunidades mais amplas derivadas da união de vários grupos familiares por razões de sobrevivência, como o sustento e a proteção. O início da era moderna é principiado pelo Estado moderno, representando a passagem da idade primitiva, gradativamente diferenciada em selvagem e bárbara, à sociedade civil, onde civil está ao mesmo tempo para cidadão e civilizado (BOBBIO, 2007, p. 61-75).

Compartilhando dessa mesma perspectiva Engels afirma que o Estado moderno nasce da dissolução da sociedade gentílica fundada sobre o vínculo familiar, e o nascimento do Estado assinala a passagem da barbárie à civilização. Porém, Engels distingue-se pela interpretação exclusivamente econômica que dá deste evento extraordinário que é a formação do Estado. É uma interpretação, a qual, trás a mente, a reconstrução de Rousseau, que faz a sociedade civil surgir do ato daquele que antes dos demais cercou os terrenos e disse "Isto é meu", ou seja, instituição da propriedade privada. Para Engels, na comunidade primitiva vigora o regime da propriedade coletiva, com o nascimento da propriedade individual nasce a divisão do trabalho, as classes sociais, o poder político e o Estado, cuja função é essencialmente a de manter o domínio de uma classe sobre a outra, e assim, impedir que a sociedade dividida em classes se transforme num estado de permanente anarquia (BOBBIO, 2007, p. 73)

Thomas Hobbes (2012) que proclama ser o "homem lobo do próprio homem" alega que a necessidade do Estado surge no fato de que o homem vivia sem organização, em estado de natureza, que representava uma condição de guerra. Com intuito de evitar a guerra, Hobbes propôs que haveria a necessidade de se criar o Estado para controlar e reprimir o homem, que vivia em busca de autopreservação ou autopromoção. E como única forma de preservação do bem comum delegou poder a um único centro, o Estado, que seria, na visão de Hobbes, o único capaz de entregar a paz, legitimado este poder por meio de um contrato social.

Hobbes admite a alienação e a renúncia de quase todos os direitos naturais: o único direito ao qual o homem não renuncia é o direito à vida. Renúncia e delegação de poderes, que, segundo Hobbes, torna o Estado muito forte, por meio de um contrato de submissão, representado pela figura do Leviatã (CORRÊA, 1999, p. 53-54). Assim, o paradigma Hobbesiano de homem nega a sociabilidade enquanto traço natural do homem, e a ameaça de destruição, e o instinto de conservação da espécie humana que dão origem a instauração de um contrato social, levando o homem a fundar a sociedade, não tornando os homens sociáveis, mas, que perspectiva no "Leviatã" a base de um poder maior, forte e suficiente para garantia da conservação da espécie humana (EIDT, 1999, p. 133-134).

Embora partindo da ideia do homem em estado de natureza, Jean-Jaques Rousseau não partilha da tese de que a natureza humana é má ou egoísta, e sim, de que os homens por natureza nascem livres e bondosos, e na base do conflito humano ou do estado de guerra, que este individualismo acontece. Está na relação entre as coisas, ou seja, na propriedade privada a fonte geradora de atritos, e não na relação entre os homens, e precisamente com o propósito de encontrar uma forma de associação que defenda e proteja a pessoa e os bens, que o contrato social surge como a solução, a partir da alienação de seus direitos em benefício de toda comunidade (EIDT, 1999, p. 134).

É possível admitir que Rousseau (2015) já idealizava um Estado proficiente, que surge da livre vontade de preservação dos interesses individuais e coletivos, um Estado libertário e emancipatório. Pois o indivíduo após optar por renunciar a sua liberdade por um contrato social e leis, não poderia voltar a um estado de natureza, onde eram livres e felizes como os animais, uma vez que não teria sozinho mecanismos de regulamentação para promover a paz, e o bem-estar de seus membros. Já para os demais contratualistas o Estado tem a finalidade única de proteger.

Assim, criado pela sociedade, o Estado ergue-se como

uma representação abstrata e legítima, instituindo uma sociedade política criada pela vontade de unificação e desenvolvimento do homem (ROUSSEAU, 2015; CORRÊA, 1999, p. 53). Esse Estado evolui, e se transforma em Estado de direito quando o homem passa a ser titular de direitos reconhecidos por ele, transformando o súdito em cidadão, como explica Ferrajoli (1995).

> Es así como la transformación del estado absoluto en estado de derecho acontece a la vez que la transformación del súdito en ciudadano, es decir, en sujeto titular de derechos ya no sólo «naturales» sino «constitucionales» frente al estado, que resulta a su vez vinculado frente a él. El llamado contrato social, una vez traducido a pacto constitucional, deja de ser una hipótesis filosófico-política para convertirse en un conjunto de normas positivas que obligan entre sí al estado y al ciudadano, haciendo de ellos dos sujetos con **soberanía recíprocamente limitada.** (FERRAJOLI, 1995, p. 860, grifo nosso).

Esse contrato social, que para Rousseau (2015), tem como objetivo encontrar uma forma de associação que defenda e proteja a pessoa e os bens de qualquer força comum. Neste contexto, onde o Estado é formado por pessoas, que se busca por meio do contrato social a garantia do bem comum. Neste mesmo sentido Immanuel Kant (2003) corrobora:

> O ato pela qual um povo se constitui num Estado é o contrato original. A se expressar rigorosamente, o contrato original é somente a ideia desse ato, com referência ao qual exclusivamente podemos pensar na legitimidade de um Estado. De acordo com o contrato original, todos (omnes et singuli) no seio de um povo renunciam à sua liberdade externa para reassumi-la imediatamente como membros de uma coisa pública, ou seja, de um povo considerado como um Estado (universi). (KANT, 2003, p. 158).

Nesta mesma perspectiva de Rousseau, para quem o homem é bom, Platão já havia formatado a República com base na estrutura da alma humana, anunciando que o Estado é o que é porque seus cidadãos são o que são. O Estado, a *Pólis* (cidade em latim), é constituída segundo a natureza humana. Quando os homens melhoram, a *Pólis* se aperfeiçoa (EIDT, 1999, p. 122).

Aspecto comum a esses autores consiste na ideia de que o Estado é uma necessidade racional de sobrevivência humana, criado com base nos princípios do voluntarismo. E o Direito positivo, embora subordinado ainda à "natureza", surge como produto cultural, resultado de convenções humanas, ponto de passagem, portanto, do universo natural ao estado civil ou político (CORRÊA, 1999, p. 51)

Aristóteles justificava o fundamento do direito a partir da natureza das coisas, com o argumento de que cada ser da natureza trazia em si próprio finalidade, que lhe determinava a essência constitutiva. Mas, é a partir do deslocamento do centro desta referência para o indivíduo-homem, detentor de possibilidades inalienáveis e eternas deduzidas como princípios de absoluta clareza, verdade e evidência, que surgem as teorias contratualistas vistas, uma vez que o direito natural é um dado que passa a ser mediado pelo consentimento para se tornar direito positivo, originando a sociedade civil, em consequência o Estado, pela hipótese do contrato social. Dicotomia estado de natureza/sociedade, da qual resulta o contrato social como explicação da origem do Estado e do direito (CORRÊA, 1999, p. 46-50). Estado de direito que para Ferrajoli (1995) tem no princípio da legalidade dois significados importantes, o formal e o substancial:

> En términos generales, podemos asociar estos dos significados de «estado de derecho» a las dos nociones del principio de legalidad aquí elaboradas: a la **legalidad en sentido lato**, o validez formal, que exige solamente que sean predeterminados por ley los sujetos titulares y las formas de ejercicio de todo poder; y a la **legalidad en sentido estricto**, o validez sustancial, que requiere además que estén legalmente preordenadas y circunscritas, mediante obligaciones y prohibiciones, las materias de competencia y los criterios de decisión. (FERRAJOLI, 1995, p. 856, grifo nosso)

Cabe a Constituição, em reconhecimento aos valores admitidos pelo Estado, apresentar a forma de declarar os direitos fundamentais – substancialmente – ou garantir – formalmente – o exercício destes, seja para os cidadãos, ou princípios e regras para a Administração Pública como a legalidade, impessoalidade, moralidade, publicidade e eficiência, que são valores eleitos pelas nações ao longo dos séculos, devendo sempre orientar a criação do direito pelos legislativos (PONTES DE MIRANDA, 1967, p. 622).

No Brasil para esta conformação aos direitos, tem-se que o poder ao Estado[4] é delegado pelo povo – fonte de legitimidade – constituindo-se num Estado democrático de direito, como se observa na transcrição de trecho do artigo primeiro da CF/88:

> Art. 1º A República Federativa do Brasil, formada pela união indissolúvel dos Estados e Municípios e do Distrito Federal, constitui-se em Estado Democrático de Direito e tem como fundamentos:
> Parágrafo único. Todo o poder emana do povo, que o exerce por meio de representantes eleitos ou diretamente, nos termos desta Constituição. (BRASIL, 2015, p. 02).

A construção deste ideal "Democrático" tem precedentes na defesa do Estado liberal diante do autoritarismo e totalitarismo, estreitamente ligados aos conceitos de soberania, cidadania, dignidade da pessoa humana, livre iniciativa e pluralismo político, além de conter as qualidades da moralidade e eficiência. No Estado democrático de direito o direito à democracia deve oferecer ao cidadão, não somente de modo formal, as condições para que este participe efetivamente das decisões, mas também, concretamente e substancialmente as estruturas necessárias para que possa exercer na sua amplitude como anteriormente referido por Ferrajoli (DAL BOSCO, 2008, p. 83).

Para Bobbio (2000, p. 30-32) o conceito mínimo de democracia é o de governo "[...] caracterizado por um conjunto de regras (primárias ou fundamentais) que estabelecem quem está autorizado a tomar decisões e com quais procedimentos". O Estado democrático brasileiro, instrumentalizado por meio de uma Administração Pública proficiente, busca garantir o bem comum. Direito reconhecido nos primeiros artigos da CF/88 ao assumir o compromisso social e reconhecer objetivos e direitos fundamentais:

> Art. 3º Constituem objetivos fundamentais da República Federativa do Brasil:
> I - construir uma sociedade livre, justa e solidária;
> II - garantir o desenvolvimento nacional;
> III - erradicar a pobreza e a marginalização e reduzir as desigualdades sociais e regionais;
> IV - promover o bem de todos, sem preconceitos de origem, raça, sexo, cor, idade e quaisquer outras formas de discriminação.
> Art. 5º Todos são iguais perante a lei, sem distinção de qualquer natureza, garantindo-se aos brasileiros [...] a inviolabilidade do direito à vida, à liberdade, à igualdade, à segurança e à propriedade [...]. (BRASIL, 2015, p. 02).

Sem a existência do Estado, a proclamação de direitos fundamentais carece de relevância prática, pois estes não poderiam ser garantidos e cumpridos, e sem a Administração Pública o Estado perderia sua função precípua de consubstanciar estes direitos que têm uma longa história, e podem ter surgido no direito da Babilônia por volta de 2000 a.C, e a quem os reconheça no direito da Grécia antiga e da Roma Republicana, e quem diga que se trata de uma ideia enraizada na teologia cristã, expressa no direito da Europa medieval (DIMOULIS e MARTINS, 2007, p. 24). Direitos fundamentais que não teriam densidade senão na presença de três elementos:

> a) Estado. Trata-se do funcionamento de um aparelho de poder centralizado que possa efetivamente controlar determinado território e impor suas decisões por meio da Administração Pública [...];
> b) Indivíduo. Pode parecer supérfluo dizer que a existência dos indivíduos é um requisito dos direitos fundamentais. [...] Nas sociedades do passado, as pessoas eram consideradas membros de grandes ou pequenas coletividades (família, clã, aldeia, feudo, reino), sendo subordinadas a elas e privadas de direitos próprios.
> c) Texto normativo regulador da relação entre Estado e indivíduos. O papel [...] desempenhado pela Constituição [...] declara e garante determinados direitos fun-

> damentais, permitindo ao indivíduo conhecer sua esfera de atuação livre de interferências estatais e, ao mesmo tempo, vincular o Estado a determinadas regras que impeçam cerceamentos injustificados das esferas garantidas da liberdade individual. (DIMOULIS e MARTINS, 2007, p. 25, grifo nosso).

Direitos proclamados pelo Estado que "[...] sujeita-se ao procedimento Democrático, consagra a dignidade da pessoa humana e, a partir daí, reconhece às pessoas direitos fundamentais insuprimíveis e inalienáveis." (JUSTEN FILHO, 2015, p. 90). Mas quem promove a satisfação destes, e das demandas sociais, é a Administração Pública que se utiliza de poderes-deveres, instrumentos para impor a defesa do interesse público promovendo o bem de todos, e para o adequado cumprimento de suas competências constitucionais (MAZZA, 2015, p. 327).

Ferrajoli (1995) afirma em fragmento de sua obra que este Estado de direito é aquele que vinculado e subordinado a legalidade tem a tarefa de reconhecer e garantir a promoção de direitos ao cidadão. O "garantismo" é uma teoria jusfilosófica, que vincula a Administração Pública e a discricionariedade de seus governantes à legalidade constitucional em garantia de direitos dos cidadãos. Ainda que este modelo tenha sido construído, inicialmente, com vistas ao direito penal, é inequívoco que ele se adapta a outras áreas do ordenamento jurídico.

> El termo «estado de derecho» se usa aquí en la segunda de ambas acepciones; y en este sentido es sinónimo de «garantismo. Por eso designa no simplemente un *estado legal» o «regulado por la ley*, sino un modelo de estado nacido con las modernas Constituciones y caracterizado: a) en el plano formal, por **el principio de legalidad, en vinud del cual todo poder público -legislativo, judicial y administrativo- está subordinado a leyes generales y abstractas, que disciplinan sus formas de ejercicio y cuya observancia se halla sometida a control de legitimidad** [...]; b) en el plano sustancial, por la **funcionalización de todos los poderes del estado al servicio de la garantía de los derechos fundamentales de los ciudadanos**, mediante la incorporación limitativa en su Constitución de los deberes públicos correspondientes, es decir, de las prohibiciones de lesionar los derechos de libertad y de las obligaciones

> de dar satisfacción a los derechos sociales [...]. (FERRAJOLI, 1995, 856-857, grifo nosso).

Segundo Ferrajoli (1995) a premissa fundamental desta teoria parte da antítese que atravessa a história da civilização entre liberdade e poder, para a construção dos alicerces do Estado de direito, cujo fundamento e finalidade são a tutela das liberdades do cidadão, frente às várias formas de exercício arbitrário do poder. Como destaca no prólogo de sua obra "Derecho y razón: teoría del garantismo penal" ao referir sobre a expansão da ilegalidade da Administração Pública e dos governos em contradição com os fundamentos do Estado democrático de direito:

> La primera, evidente y llamativa, es la expansión de la ilegalidad en la vida pública que ha afectado, en años pasados, al conjunto de los partidos, a la administración pública, [...] y, al mismo tiempo, a extensas capas de población ligadas al mundo de la política por tupidas relaciones clientelares e implicadas de distintas maneras, por connivencia o incluso sólo por resignación, en la práctica de la corrupción. Así, tras la fachada del estado de derecho, se ha desarrollado un infraestado clandestino, con sus propios códigos y sus propios impuestos, organizado en centros de poder ocultos y a menudo en connivencia con los poderes mafiosos, y, por consiguiente, en contradicción con todos los principios de la democracia: desde el de legalidad al de publicidad y transparencia, del de representatividad a los de responsabilidad política y control popular del poder. (FERRAJOLI, 1995, p. 09).

É com promulgação das Constituições e pela imposição de respeito aos direitos e garantias fundamentais dos indivíduos, sobretudo aqueles de liberdade, contra as arbitrariedades dos governos, que o Estado de direito se constitui como garantidor dos direitos reconhecidos nestas, e promotor por meio da Administração Pública de políticas públicas que concretizem essas prerrogativas asseguradas aos cidadãos.

Este perfil garantista do Estado de direito subentende um modelo de legalidade substancial, e não apenas formal, legalidade estrita. Ferrajoli centra sua abordagem partindo do pressuposto que o garantismo surge exatamente pelo descompasso existente entre a normatização estatal e as práticas que deveriam estar fundamentadas nelas, como no caso das incumbidas à Administração Pública, orientadas por governos em desacordo com direitos garantidos na Constituição, e que se configuram como vínculos de validade para a legalidade, a qual subordina todos os atos, até mesmo as leis, aos conteúdos dos direitos fundamentais. Ainda, afirma que a supervisão judicial da conformidade dos atos da Administração Pública e dos governantes é um dos aspectos principais de sua teoria do garantismo, que tem como alicerce o Estado garantista que nasce da construção do Estado constitucional (DAL BOSCO, 2008, p. 51-54).

2.1.1 Ente federado municipal

O Município é o Estado numa esfera mais próxima do cidadão. Ente federado onde as políticas públicas se materializam, é onde o cidadão vive e presencia a interferência do Estado reconhecendo e promovendo direitos. Enfim, é no Município onde as pessoas residem, não residem no estado, nem na União. O artigo primeiro, *caput*, da CF/88 dispõe que a República Federativa do Brasil é formada pela união indissolúvel dos estados e Municípios, e o *caput* do artigo 18º complementa, estabelecendo que: "A organização político-administrativa da República Federativa do Brasil compreende a União, os Estados, o Distrito Federal e os Municípios, todos autônomos, nos termos desta Constituição. [...]" (BRASIL, 2015, p. 21). Desta forma, a Constituição quis aí destacar as entidades que integram a estrutura federativa do Brasil, ou seja, as pessoas políticas do Estado.

O município como unidade político-administrativa surgiu com a República Romana, interessada em manter a dominação pacífica das cidades pela força de seus exércitos. Os vencidos ficavam sujeitos, desde a derrota, às imposições do senado, mas, em troca de sua sujeição e fiel obediência às leis romanas, a República lhes concedia certas prerrogativas, que variavam de simples direitos privados até privilégio político de eleger seus governantes e dirigir sua própria cidade. As comunidades que auferiam estas vantagens eram consideradas municípios. Na atualidade, o Município assume todas as responsabilidades na ordenação da cidade, na organização dos serviços públicos locais e na proteção ambiental de sua área (MEIRELLES, 2008, p. 33-35).

De início a CF/88, corrigindo a falha das anteriores, integrou o município na Federação, ampliando a autonomia municipal no tríplice aspecto político, administrativo e financeiro, outorgando-lhe inclusive, o poder de elaborar sua lei orgânica (MEIRELLES, 2008, p. 44-45).

Ainda, segundo Meirelles (2008, p. 127-128) o município pode ser conceituado sob três aspectos distintos: o sociológico, o político e o jurídico. Do ponto de vista sociológico, é um conjunto de pessoas num mesmo território, com interesses comuns, que se organizam em sociedade para a satisfação de necessidades individuais e desempenho de atribuições coletivas de peculiar interesse local. Sob o aspecto político, faz parte do estado federado, considerado uma pessoa política de terceiro grau na ordem federativa, com atribuições próprias e governo autônomo, ligado ao estado-membro. Na ordem legal, é pessoa jurídica de direito público interno, conforme dispõe o artigo 41, III, do Código Civil (2002): "São pessoas jurídicas de direito público interno: I – a União; II – os Estados, o Distrito Federal e os Territórios; III – os Municípios;".

A composição do governo municipal realiza-se através de dois poderes do Estado: O poder executivo representado pela Prefeitura municipal, e o poder legislativo representado pela Câmara de Vereadores. Cabendo ao primeiro as funções executivas, e ao segundo as legislativas, ambos, exercendo suas atribuições com plena independência (MEIRELLES, 2008, p.138-139).

Assim, por ser uma pessoa jurídica, o Município age através do prefeito, que é o único representante político, e agente executivo da Administração. Dessa forma, o Município, conta com governo próprio, eleito por seus cidadãos; edita a lei de sua organização; normas legais; organiza seus serviços locais; e, arrecada e aplica suas rendas com inteira liberdade política na condução do Interesse Público, respeitados os preceitos constitucionais e legais (MEIRELLES, 2008, p.128; 131). Como identificado na CF/88, os municípios possuem o compromisso de prover o bem de todos implementando efetivamente políticas públicas, ou são articuladas por estes em conjunto com a sociedade, enfrentando questões econômicas, socioculturais e de educação, com ações que melhorem, estimulem e desenvolvam a prestação do serviço público com uma gestão participativa e democrática.

Para Pascarelli Filho (2011, p. 07) o município é "[...] a célula central motivadora, para a qual os objetos e assertividade das políticas públicas devem estar voltados.". O ex-governador do estado de São Paulo André Franco Montoro fiel defensor do municipalismo, referindo-se a importância que o município possui na federação, afirmou que "Ninguém mora na União, ninguém mora no Estado, todos moram no Município".

O município tem como tarefa não apenas assegurar a vida de seus membros, mas igualmente lhes proporcionar uma vida melhor, que a cidade possibilita por ser o estágio final da comunidade humana e enquanto tal ser auto-suficiente (EIDT, 1999, p. 124). Mas para que o município possa oportunizar está qualidade de vida e o desenvolvimento humano e social da cidade, faz-se necessário o planejamento governamental, que tem no PPA, LDO e LOA instrumentos formais de planificação da Administração Pública brasileira, representando a tradução do plano de governo em políticas, programas, ações e intervenções que atendem aos anseios da sociedade dentro dos princípios consagrados pela Constituição (BERNARDONI; CRUZ, 2010, p. 28; RAASCH, 2015, p. 70).

2.2 Administração Pública

Constituído o Estado, com a finalidade de promover o bem comum, desponta a Administração Pública com capacidade administrativa e governança, como àquela responsável pela função administrativa, ou seja, instrumentalizar as ações do Estado, e gerir a *res publica*. Hely Lopes Meirelles (2009) por ser largamente reconhecido como um dos principais doutrinadores do Direito Administrativo e do Direito municipal brasileiro, autor de obras consideradas seminais nessas áreas, é quem melhor apresenta o conceito de Administração Pública:

> Em sentido formal, é o conjunto de órgãos instituídos para consecução dos objetivos do governo; em sentido material, é o conjunto das funções necessárias aos serviços públicos em geral; em acepção operacional, é o desempenho perene e sistemático, legal e técnico, dos serviços do próprio Estado ou por ele assumidos em benefício da coletividade. (MEIRELLES, 2009, p.65).

Essa função administrativa, em sentido material, não existia na sociedade primitiva, em razão de limitações, como ausência de diferenciações sociais, da divisão do trabalho e dos poderes de coerção. Posteriormente, podendo ser encontrada na sociedade antiga, na *polis* grega e na Roma republicana, uma ligação estreita entre as funções administrativas e o papel social individualizado no exercício dos direitos políticos e de propriedade. O princípio da administração está na evolução das formas de organização social, impulsionado por pressões múltiplas as quais podem ser de natureza política, econômica e social, além de ideológica e cultural. Tais necessidades forçam o Estado a assumir a satisfação dessas carências através da atividade administrativa. A modalidade de administração da Grécia e da Roma antiga era o que se poderia qualificar de embrião de Administração Pública como instituição autônoma (DAL BOSCO, 2008, p. 121).

2.2.1 Aporte Conceitual

A Administração Pública encerra um conteúdo predominantemente substantivo, informado pelo conceito de Estado. Tem suas raízes no surgimento do Estado moderno, quando ocorre a distinção entre a esfera pública e a privada, a dissociação do poder estatal do poder social e a separação dos papéis e funções. A definição de Administração Pública é fortemente influenciada por sua orientação para a sociedade e para o interesse público. A Administração Pública é a parte da ciência da administração que se refere ao governo, em especial ao Poder Executivo, onde se faz o trabalho de governo (BERGUE, 2014, p. 09-11; DAL BOSCO, 2008, p. 125).

O Estado por ser pessoa jurídica criada pelo Direito, não possui vontade nem ação própria, qualidades estas das pessoas físicas. No entanto, são lhe reconhecidos responsabilidades, e o "agir" do Estado neste sentido materializa-se por meio da Administração Pública, que é todo aparelhamento do Estado preordenado à realização de serviços, visando à satisfação das demandas sociais, e que tem como princípio basilar a legalidade. Administração esta que não pratica atos de governo; pratica tão-somente, atos de execução (MEIRELLES, 2009, p.65-66).

Mas para que a Administração Pública possa atuar de forma proficiente são necessárias políticas que intervenham em diferentes domínios da gestão pública, conduzindo-a em direção a proficiência, e ao atendimento das necessidades sociais de uma boa Administração e de um bom Governo, e, comprometidos com a *res pública* e a sociedade.

Na gestão proba da máquina administrativa, é substancial qualificar a discussão sobre os atributos do planejamento governamental – orçamentário e de gestão pública – e concebê-los a partir da perspectiva que este cria condições objetivas e institucionais para a execução das políticas públicas. Mister este, que ainda é desafio, conforme refere o planejamento estratégico 2012-2015:

> [...] **As dimensões do planejamento e da gestão, portanto,**

> **devem dialogar com a elaboração de uma arquitetura institucional capaz de construir e reforçar os canais que possibilitem atender o cidadão.**
> Para isso, é fundamental rever marcos conceituais e legais relacionados à função pública, visto que há um esgotamento do atual modelo de ação estatal, fato que gera dificuldades para a ação ágil e com qualidade no atendimento às demandas sociais e do mercado, prejudicando, em especial, os entes e populações mais vulneráveis. É fundamental a produção e utilização de informações de qualidade com vistas a subsidiar o planejamento e a gestão das políticas públicas de forma a orientar as intervenções capazes de promover a alocação equânime, integrada e eficiente dos recursos. (PLANEJAMENTO..., 2011, p. 07, grifo nosso).

Segundo Matus (1993 *apud* MATIAS-PEREIRA, 2012, p.120) "a ação do Estado tem que ser uma ação que sabe para onde vai, tem que ser uma ação precedida pelo pensamento, mas um pensamento sistemático e com método". E, na procura pela recuperação da capacidade do Estado para a implementação destas políticas, exercendo a atividade consistente na defesa concreta do interesse público, a Administração Pública deve cumprir seu papel eficientemente, implementando políticas públicas ou de Gestão que venham ao encontro dos objetivos e fundamentos do Estado (MAZZA, 2015, p. 55).

Para Alexandre Mazza (2015, p. 54-57) são três as tarefas precípuas da Administração Pública: a) exercer o poder de polícia, que consiste na limitação e no condicionamento, pelo Estado, da liberdade e propriedade privada em favor do interesse público; b) a prestação de serviços públicos, como o oferecimento de transporte coletivo, água canalizada e energia elétrica; e, c) a realização de atividades de fomento, incentivando os setores sociais, e estimulando o desenvolvimento da ordem social e econômica. Esse "exercer", "prestar" e "realizar" são atos administrativos públicos de uma Administração Pública dotada de proficiência administrativa.

Segundo Mazza (2015, p. 54-55) estas são as principais atribuições da Administração Pública, termo que para o autor, conceitualmente é diferenciado de administração pública com letras minúsculas. No primeiro sentido subjetivo ou orgânico, trata-se de um conjunto de agentes e órgãos estatais, a representação do Estado; e no segundo sentido objetivo, material ou funcional, designa a atividade consistente na defesa concreta do interesse público.

2.2.2 Princípios irradiadores

Para que seja possível compreender o conceito de princípio adotado no estudo, faz-se necessário a revisão teórica de alguns sentidos alcançados pelo termo, e sua posição dentro da principiologia do Direito administrativo. Neste sentido, Mazza (2015, p. 93) conceitua os princípios como: "[...] regras gerais que a doutrina identifica como condensadoras dos valores fundamentais de um sistema". E segue adiante demonstrando o valor destes para o direito administrativo, e, por conseguinte, para Administração Pública: "O direito administrativo brasileiro não é codificado. Por isso, as funções sistematizadora e unificadora de leis, em outros ramos desempenhadas por códigos, no direito administrativo cabem aos princípios." (MAZZA, 2015, p. 93).

Já Celso Antônio Bandeira de Mello (2010, p. 53) apresenta como conceito de princípio "[...] um mandamento nuclear de um sistema, verdadeiro alicerce dele, disposição fundamental que se irradia sobre diferentes normas, compondo-lhes o espírito e servindo de critério para exata compreensão e inteligência delas [...]". E completa: "Violar um princípio é muito mais grave do que violar uma norma. A desatenção ao princípio implica ofensa não apenas a um específico mandamento obrigatório, mas todo o sistema de comandos. É a mais grave forma de ilegalidade e inconstitucinalidade [...]."

Hely Lopes Meirelles (2009, p. 88) apresenta os princípios como regras de observância permanente e obrigatórias para o bom administrador. O artigo 37 da CF/88 além de apresentar a Administração Pública, expõe cinco princípios explícitos direcionadores de uma gestão pública eficiente e atenta as necessidades sociais de uma boa Administração Pública e de um bom Governo: "Art. 37. A administração pública direta e indireta de qualquer dos Poderes da União, dos Estados, do Distrito Federal e dos Municípios obedecerá aos princípios de legalidade, impessoalidade, moralidade, publicidade e eficiência [...]" (BRASIL, 2015, p. 40).

Como um alicerce ou mandamento nuclear de um sistema, os princípios irradiam e balizam a Administração Pública, e são extraídos das normas que orientam a Administração, implícitos são vários, mas, os explícitos no artigo 37, *caput* da CF/88 que serão objeto de exposição.

O **princípio da legalidade** surge com o Estado de direito, opondo-se a toda e qualquer forma de poder autoritário e antidemocrático, e possui relação direta com a vinculação dos atos administrativos à lei, ou seja, a Administração Pública só se movimenta se a lei permitir, devendo andar nos "trilhos da lei", corroborando com a expressão inglesa *"rule of law, not of men"* ("Estado de direito, não de homens") (MAZZA, 2015, p.1412). Este princípio, em um Estado democrático de direito, funda-se na legitimidade da lei concebida e emanada pelos órgãos legítimos de representação popular, que sujeita a Administração Pública e os governantes à legalidade, como se num sistema de limites e vínculos aos fundamentos basilares expostos pela Constituição, que surge como decorrência natural da indisponibilidade do Interesse Público (MELLO, 2010, p. 75-83).

Afirma Ferrajoli (1995) que é decorrência do Estado de direito o princípio da legalidade, que vincula não somente a forma de exercício, mas também a motivação da tomada de decisão que deve substancialmente atender a garantia dos direitos fundamentais:

> [...] la extensión del principio de legalidad también al poder de la mayoría y, por consiguiente, la rígida sujeción a la ley de todos los poderes públicos [...] **el derecho vincula a los poderes públicos no sólo en lo relativo a la forma de su ejercicio, o sea, a los procesos de toma de decisiones, sino también en su sustancia, es decir, en lo que se refiere a los contenidos que las decisiones no deben o**

> **deben tener.** Estos vínculos de sustancia no son otra cosa
> que las garantías de los derechos fundamentales, desde
> los derechos de libertad hasta los derechos sociales, cuya
> estipulación ha introducido, en la estructura misma del
> principio de legalidad propio del actual estado constitu-
> cional de derecho, una racionalidad sustancial que se ha
> añadido a la racionalidad formal propia del viejo positiv-
> ismo jurídico y del paradigma roussoniano de la democra-
> cia política [...]. (FERRAJOLI, 1995, 11-12, grifo nosso).

O princípio da legalidade é glosa essencial do Estado de direito e consequentemente do Estado democrático de direito pois é essência do seu conceito a subordinação e respeito à Constituição e aos seus preceitos democráticos. O Estado ou a Administração Pública, governantes ou administrados não podem exigir qualquer ação, nem impor qualquer abstenção, muito menos mandar proibir coisa alguma senão em virtude de lei. Assim, para realização plena do princípio da legalidade, se aplica em rigor técnico a lei formal (SILVA, 2010, p. 84). Neste sentido, que o inciso II, do artigo 5º da CF/88 apresenta que "ninguém será obrigado a fazer ou deixar de fazer alguma coisa senão em virtude de lei" (BRASIL, 2015, p. 04).

À Administração Pública não há liberdade, como informa Mazza ao utilizar o termo nos "trilhos da lei", e assinala Hely Lopes Meirelles (2009, p. 89) ao referir que: "Na Administração Pública não há liberdade nem vontade pessoal. Enquanto que na administração particular é lícito fazer tudo que a lei não proíbe, na Administração Pública só é permitido fazer o que a lei autoriza." Como aspecto desta legalidade, o ato administrativo só é válido quando atende ao seu fim, ou seja, o fim consubstanciado em lei. Finalidade esta que torna inafastável o interesse coletivo e/ou público, sob a realização das condições necessárias para o desenvolvimento da dignidade da pessoa humana como quer a CF/88 em seu inciso III, artigo primeiro (SILVA, 2010, p. 340; 86).

E com o aumento das funções estatais e políticas públicas persiste a questão da discricionariedade da Administração Pública e de seus governantes, impondo aos gestores públicos a discricionariedade da escolha sobre que políticas promover. Porém, é incontestável para a doutrina que nesta escolha a autoridade sempre estará subordinada a Lei e aos preceitos fundamentais constitucionais (MELLO, 2010, p. 77-78; SILVA, 2010, p. 87).

Neste sentido, procurando dar um cariz jurídico a estas escolhas dentro do planejamento governamental, tanto as receitas, quanto as despesas e o planejamento das intervenções governamentais precisam estar previstas no PPA, LDO e LOA. Portanto, a aprovação do planejamento orçamentário e de gestão deve observar o processo legislativo, porque trata-se de um dispositivo de grande interesse da sociedade, dando guarida ao princípio da legalidade e da transparência dos atos da Administração, conforme depreende-se do texto constitucional: "Art. 166. Os projetos de lei relativos ao plano plurianual, às diretrizes orçamentárias, ao orçamento anual e aos créditos adicionais serão apreciados pelas duas Casas do Congresso Nacional [...]" (BRASIL, 2015, p. 125).

Logo, além de respeitar o trâmite legal que resguarda o planejamento governamental, os princípios por serem irradiadores de fundamentos para toda a Administração Pública, também servem de norte para o governante, quando da tomada das decisões que darão orientação e rumo à Administração Pública. Assim, todo e qualquer ato administrativo deve ser balizado pela legalidade, e limitado pela autorização legislativa; inclusive as Políticas de Gestão Pública e as políticas públicas que devem estar previstas nestes instrumentos de planejamento orçamentário e de gestão.

Desta forma, qualquer ação do administrador relacionado a gestão deve estar previsto em lei, e além disso, deve respeitar e ter como fundamento as regras e princípios constitucionais, sob pena de enfrentar um problema de moralidade, face a ausência de motivação e autorização legal. Portando, esta discricionariedade deve ser enfrentada, como é possível depreender-se do desponte do direito fundamental à boa Administração Pública[5] inspirado no artigo 41 da Carta dos direitos fundamentais de Nice, onde as decisões administrativas vinculam-se às prioridades constitucionais repudiando quando o administrador age de modo inteiramente livre.

O **princípio da moralidade** consagra a submissão do administrador público aos ditames de uma conduta ética e honesta. Princípio diretamente ligado ao conceito de bom administrador, à qualidade dos serviços públicos com foco no cidadão e no interesse público, na ampliação de direitos, e no exercício da cidadania (DAL BOSCO, 2008, p. 180; MAZZA, 2015, p. 1417). Mendes e Blanco (2015) afirmam que:

> A Administração Pública deve pautar-se pela obediência aos princípios constitucionais a ela dirigidos expressamente mas também aos demais princípios fundamentais, tem-se que, em sua atuação, deve ser capaz de distinguir o justo do injusto, o conveniente do inconveniente, o oportuno do inoportuno, além do legal do ilegal. (MENDES; BLANCO, 2015, p. 860).

A CF/88 quer em seu artigo 37 que a imoralidade administrativa seja fundamento de nulidade do ato viciado. O objetivo do constituinte foi de subordinar o ato administrativo não só a moralidade comum dos preceitos éticos, mas a moralidade jurídica, consistente num conjunto de regras e princípios basilares que regem os órgãos e os agentes públicos (SILVA, 2010, p. 341). A Administração Pública e os governantes devem proceder em relação aos administrados com sinceridade, ética, e probidade, sendo-lhe proibido qualquer comportamento astucioso, eivado de malícia, produzido de maneira a confundir, dificultar ou minimizar o exercício dos direitos pelos cidadãos (MELLO, 2010, p. 120).

E, é no binômio lealdade e boa-fé que o princípio da moralidade administrativa se assenta, sendo possível constatar que a Constituição não só consagrou o princípio a moralidade, como também em seu inciso V, artigo 85, reconheceu como crime de responsabilidade aquele ato que atentar contra a "probidade da administração". (Im)probidade administrativa que é ato de imoralidade administrativa quando qualificada pelo dano ao erário, e a correspondente vantagem ao ímprobo ou a outrem (SILVA, 2014, p. 680). O ministro Celso de Mello em trecho de decisão afirma:

> O princípio da moralidade administrativa – enquanto valor constitucional revestido de caráter ético-jurídico – condiciona a legitimidade e a validade dos atos estatais. A atividade estatal, qualquer que seja o domínio institucional de sua incidência, está necessariamente subordinada à observância de parâmetros ético-jurídicos que se refletem na consagração constitucional do princípio da moralidade administrativa. Esse postulado fundamental, que rege a atuação do Poder Público, confere substância e dá expressão a uma pauta de valores éticos sobre os quais se funda a ordem positiva do Estado. (BRASIL. STF, 2002).

Para Ferrajoli (1995, p. 702) o Estado não é um fim em si mesmo, e é a Administração Pública o meio para garantir os direitos dos cidadãos. E, se a concretização desses direitos reconhecidos pelo Estado são promovidos pela Administração Pública, esta deve observar as leis que justificam a existência do Estado, e orientam sua atuação. Esta teoria garantista, segundo Dal Bosco (2008, p. 182) não é apenas restrita ao controle da legalidade, não afastando os valores que orientam as normas jurídicas, mas apontando de que a subsunção do ato administrativo a norma se faz do ponto de vista da adequação do seu conteúdo às exigências dos direitos fundamentais.

O **princípio da impessoalidade** apresenta a faceta de que todo ato administrativo deve ser impessoal, atuando o administrador público sem favoritismo ou perseguição, e tratando a todos de modo igual, ou quando apropriado, fazendo a discriminação necessária para atingir a igualdade material (MAZZA, 2015, p. 1417). Portanto, significa a neutralidade administrativa, que se orienta no sentido de concretizar o interesse público. Logo, o exercício dos atos administrativos e governamentais não são imputados aos servidores públicos ou governantes, mas a entidade pública em nome de quem exararam (SILVA, 2010, p. 341). Para Mello (2010, p. 119) a impessoalidade não é senão a igualdade consagrado no artigo 5º, caput, da CF/88, ao prever que: "Todos são iguais perante a lei, sem distinção de qualquer natureza [...]" (BRASIL, 2015, p. 03-04).

O **princípio da publicidade** possui liame com a publicização dos atos administrativos, o controle, transparência e participação social, ínsito ao Estado democrático de direito. A publicidade não é um requisito do ato administrativo, mas um requisito de eficácia e moralidade. Este princípio consagra o dever administrativo de manter plena transparência em seus comportamentos. Tem um viés de tornar os atos administrativos o mais publicizados e transparente possível, inclusive exigindo que os orçamentos sejam levados a público (MAZZA, 2015, p. 1417; MEIRELLES, 2009, p. 88). Em trecho de decisão do STF, o ministro Ayres Britto afirma que:

> [...] A prevalência do princípio da publicidade administrativa outra coisa não é senão um dos mas altaneiros modos de concretizar a República enquanto forma de Governo. Se, por um lado, há um necessário modo republicano de administrar o Estado brasileiro, de outra parte é a cidadania mesma que em o direito de ver o seu Estado republicanamente administrado [...]. (BRASIL. STF, 2011).

Princípio intrinsecamente ligado ao direito de informações dos cidadãos, previsto no artigo 5º, inciso XXXIII, da CF/88, em conexão com o princípio democrático (MENDES; BLANCO, 2015, p. 861). As decisões orçamentárias também devem ser transparentes e expostas à sociedade, para que esta possa ter participação, como depreende-se da referência de Silva (2014):

> Essa publicidade atinge, assim, os atos concluídos e em formação, os processos em andamento, os pareceres dos órgãos técnicos e jurídicos, os despachos intermediários e finais, as atas de julgamentos das licitações e os contratos com quaisquer interessados, bem como os comprovantes de despesas e as prestações de contas submetidas aos órgãos competentes. (SILVA, 2014, p. 681).

Portanto a Administração Pública deve ser acessível aos

administrados, de modo que cada cidadão possa sentir-se integrado às ações que o poder público desenvolve. A Lei de acesso a informação vem garantir esse direito previsto na Constituição e, trás em seu bojo procedimentos a serem observados pela Administração Pública a fim de garantir esse acesso. Ao mesmo tempo em que novos processos tecnológicos oportunizam esse aumento da publicização dos atos administrativos por meio da informatização e do compartilhamento de informações, divulgados por meio da internet, e que proporcionam maior eficiência e qualidade administrativa no atendimento aos cidadãos (MENDES; BLANCO, 2015, p. 862).

Segundo Dal Bosco (2008, p. 171-173) a transparência, implica na adoção de procedimentos simples e de fácil compreensão, acessível as pessoas, dando respostas aos usuários dos serviços públicos, mas não deixando de lado a qualidade, precisão e pontualidade. Esta transparência está também intimamente ligada a ética e a participação democrática. Implica não apenas o direito de conhecer, mas também de compreender, de ser compreendido, e de ser ouvido pelos poderes públicos.

Entre os objetivos comuns a todo e qualquer projeto de "reforma" da Administração Pública, a qualidade dos serviços públicos é sempre o alvo principal. E tem no **princípio da eficiência,** consagrado com caráter normativo na Constituição, a virtude de execução ao menor custo, desde que atenta a qualidade e a ética; não sendo pretexto – a eficiência – para o descumprimento da lei. O sentido nuclear do termo eficiência apresentado no princípio difere do termo utilizado pela administração privada e pela ciência econômica, os dois sentidos não se alinham, aqui a preocupação é com a qualidade na prestação ou entrega do serviço público, com a qualidade no administrar a *res* púbica, com a qualidade da Administração Pública, atingindo o propósito constitucional do Estado – o interesse público (DAL BOSCO, 2008, p. 188-212).

Entendimento ratificado por Marçal Justen Filho (2015, p. 2015) quando refere que a atividade estatal é norteada pela eficiência, não se impondo "a subordinação da atividade administrativa à pura e exclusiva racionalidade econômica. Eficiência administrativa não é sinônimo de eficiência econômica.". Neste mesmo sentido, é predominante no Tribunal de Justiça do Rio Grande do Sul de que a eficiência não seja o melhor resultado possível diante do contexto orçamentário (análise custo-benefício), mas no sentido de qualidade do serviço público entregue ao cidadão, e não o sentido empregado pela ciência econômica. Sentido este que atribui à eficiência o sentido de boa Administração. Assim, a eficiência pressupõe a realização das atribuições com máxima presteza (rapidez e prontidão), com qualidade perfeita, de forma proficiente, atingindo os melhores resultados. A eficiência deve ser compreendida tanto qualitativa como quantitativamente, conforme é possível denotar em trecho da ementa de acórdão do TJ do RS:

> [...] O dever de eficiência, erigido à categoria de princípio norteador da atividade administrativa (CF - art. 37), impõe seja exercida com presteza, exigindo não só resultados positivos para o próprio serviço, mas satisfatório atendimento ao administrado, que por isso não pode aguardar "ad aeternum" a manifestação do Poder Público [...]. (RIO GRANDE DO SUL. TJ, 2006)

Dever de boa Administração consagrado pelos italianos, que impõe à Administração Pública a obrigação de realizar suas atribuições com rapidez, perfeição e rendimento, observando o princípio da legalidade (GASPARINI, 2010, p. 76). Mello (2010, p. 122) ratifica o entendimento acima, e apresenta o princípio da eficiência como "princípio da boa Administração Pública" já há muito consagrado no Direito Italiano.

Mazza (2015) apresenta a economicidade, a redução de desperdícios, qualidade, rapidez, produtividade e rendimento funcional como valores encarecidos pelo princípio da eficiência:

> [...] o Estado não é uma empresa; nem sua missão, buscar o lucro. Por isso, o princípio da eficiência não pode ser analisado senão em conjunto com os demais princípios do Direito Administrativo. **A eficiência não pode ser usada**

como pretexto para descumprir a lei. Assim, o conteúdo jurídico do princípio da eficiência consiste em obrigar a Administração a buscar os melhores resultados por meio da aplicação da lei. (MAZZA, 2015, p. 121).

A partir da referência da eficiência no texto da Constituição é possível vislumbrar a atenção dada a questão, acrescentado pela Emenda Constitucional nº 19/1998 e elevado à categoria de princípio, o que demonstra claramente que o referido postulado deve nortear os rumos da Administração Pública, e por consequência lógica a gestão pública como um todo. A jurisprudência do Superior Tribunal de Justiça já consagrava antes da EC nº 19/98 a eficiência como princípio direcionado a alcançar o interesse público.

> "A Administração Pública é regida por vários princípios: legalidade, impessoalidade, moralidade e publicidade (Const., art. 37). Outros também se evidenciam na Carta Política. **Dentre eles, o princípio da eficiência. A atividade administrativa deve orientar-se para alcançar resultado de interesse público**". (BRASIL. STJ, 1996, grifo nosso).

Assim, é neste contexto de valores principiológicos que se faz necessário o planejamento governamental, por meio do esboço de políticas e ações que orientem a Administração Pública em sua finalidade principal de intender a *res pública*, tomando como fundamento àqueles instituídos pelo Estado, com o propósito de tornar a gestão pública proficiente no sentido de atender as necessidades sociais de uma boa Administração Pública e de um bom Governo.

Do ponto de vista garantista, a eficiência está atrelada à necessidade de contemplar nas ações da Administração Pública os direitos fundamentais dos administrados. Esta exigência não pode ser vista como uma consagração da tecnocracia, mas um princípio voltado à razão, e fim maior do Estado, ou seja, a prestação de serviços públicos de qualidade e essenciais a população, tendo como objetivo o uso de todos os meios legais e morais possíveis para promover esse bem comum, pois a autuação discricionária grosseiramente ineficiente deve ser considerada imoral (DAL BOSCO, 2008, p. 201, 212). Moraes (1999) ao tratar da Administração Pública expõe que:

> [O] Princípio da eficiência é aquele que impõe à Administração Pública direta e indireta e a seus agentes a persecução do bem comum, por meio do exercício de suas competências de **forma imparcial, neutra, transparente, participativa, eficaz, sem burocracia e sempre em busca da qualidade, primando pela adoção dos critérios legais e morais** necessários para a melhor utilização possível dos recursos públicos, de maneira a evitar-se desperdícios e garantir-se uma maior rentabilidade social. (MORAES, 1999, p. 294, grifo nosso).

Portanto, a partir da literatura destacada, violar um princípio é mais grave que transgredir uma norma, sua desatenção implica em agressão a todo sistema e não apenas a uma norma. Trata-se da mais grave forma de ilegalidade por representar uma insurgência contra todo o sistema, subvertendo os valores fundamentais reconhecidos pelo Estado, uma forma de corroer o alicerce ao ponto de ruir, perdendo sua estrutura mestra.

2.2.3 Reformas Administrativas

Nas últimas décadas, transformações econômicas e sociais trouxeram a reforma do Estado e de sua Administração para o eixo central da agenda política de diversos países. Foram mudanças realizadas no formato de organizar o Estado e gerir a economia nacional. Mas o avanço das práticas administrativas em direção ao interesse público e à democracia, continuam, ainda, sendo desafio, pois é necessário para proficiência administrativa a utilização do planejamento governamental como ferramenta essencial de orientação (DE PAULA, 2016, p. 21).

Trazer a tona propostas de "reformas administrativas" significa contribuir com o debate para a transformação da Administração Pública numa organização proficiente e comprometida com os fundamentos do Estado democrático de direito. Porém, o rumo destas deve ser promovido por meio de

Políticas de Gestão Pública que observem não somente uma necessidade imediata, mas sim promovam ações e medidas instrumentais que facultem uma melhoria qualitativa, sustentável, permanente e duradoura renovação da Administração Pública. E, dentro da discricionariedade da escolha destas políticas pelos governos, sejam elas balizadas por preceitos constitucionais, e não desprovidas deste marco legal, com o propósito de beneficiar governos e burocratas.

Muitas dificuldades ainda observadas no funcionamento dos serviços públicos encontram raízes nesse quadro histórico de construção de modelos de governo e de administração (PASCARELLI FILHO, 2011, p. 22). O Estado brasileiro, no início do século XX, era um Estado oligárquico e patrimonial, no seio de uma economia agrícola mercantil e de uma sociedade de senhores, escravos, coronéis, elites havidas pelas benesses das riquezas e do modo de vida da nobreza. Os critérios administrativos eram pessoais, e a preocupação com a eficiência da Administração Pública nula, e seria quase impossível encontrar modelos administrativos estruturados a partir da prestação de serviços para sociedade (BRESSER-PEREIRA, 2001, p.222-228; DE PAULA, 2016, p. 105-107). Segundo Pascarelli filho (2011) ao longo da história da Administração Pública brasileira:

> [...] não é de admirar que, ao misturar a rês pública com rês privada, confundiu-se e tratou-se o Estado como uma continuação da família, trazendo no bojo dessa inadequação o fato de acabar preponderando a vontade particularista contra a vontade generalista. O Estado somente nasce quando acontece um distanciamento da ordem familiar, bem como quando o indivíduo se faz cidadão e responsável perante as leis. (PASCARELLI FILHO, 2011, p. 23).

Nas raízes da Administração Pública é senso comum que a ocupação histórica do país foi marcada pelas transferências e implantações de aspectos da cultura europeia, em especial através das ações diretas da Espanha e de Portugal. As estruturas administrativas precederam a própria sociedade, não despontaram originariamente da evolução do jogo social, mas de um transplante concebido sob medida para garantir lealdade, ordem e exploração econômica em benefício da Coroa portuguesa. Conforme o apoderamento das colônias se intensificava, sistemas de administração e governos foram pactuados, em processos arbitrários de ordenação de cargos e terras, calcados em princípios da concessão de privilégios relacionados aos interesses individualistas, pouco voltados para formas de sistemas que incluíam solidariedade e gestão da sociedade (CAVALCANTI; RUEDIGER; SOBREIRA, 2005, p. 35; PASCARELLI FILHO, 2011, p. 21).

Contexto no qual um fortalecimento institucional e administrativo do Estado não era tarefa fácil. Foram várias as tentativas de modernização e reforma do aparelho administrativo do Estado que estiveram presentes na agenda política de diversos governos. Se caracterizando por avanços e recuos, flexibilizando e centralizando, e direta ou indiretamente sempre desfrutando das patologias estruturais do clientelismo, do patrimonialismo, e do corporativismo. É na busca pela florescência de uma Administração Pública renovada e proficiente, atenta aos princípios constitucionais do Estado democrático de direito e do planejamento governamental, que se procura transpor os traços de uma tradição administrativa, controlada por vontades particulares, que encontram ambiente favorável em círculos fechados e inacessíveis a uma ordenação impessoal, embalada nos traços do Império, indutor de uma Administração Pública patrimonialista, modelo que prevaleceu até as primeiras três décadas do século XX, mas que os efeitos são sentidos hoje (CAVALCANTI; RUEDIGER; SOBREIRA, 2005, p. 34; PASCARELLI FILHO, 2011, p. 23).

Administração patrimonialista que caracteriza-se por um Estado centralizador e onipotente, espoliado por uma elite patrimonial e caracterizado por um burocratismo, um padrão que persiste por séculos. Por causa das raízes e herança desse modelo, a Administração Pública brasileira é caracterizada por um viés patrimonial profundo, que tem resistido com intensidade variável até os dias atuais (PASCARELLI FILHO, 2011, p.

24).

Com o propósito de corrigir os problemas deixados na Administração Pública brasileira, a burocracia desenvolvida por Weber vem como solução de reforma para combater o nepotismo e a corrupção deixados pela administração patrimonialista, fazendo uso dos princípios de um serviço público profissional e de um sistema administrativo impessoal, formal, hierárquico, racional, com regras rígidas, especialização, continuidade e controle. Como qualidades do sistema burocrático, tem-se a precisão, a velocidade, a clareza, a continuidade e a redução das formas monocráticas de material e pessoal (DAL BOSCO, 2008, p. 129; MATIAS-PEREIRA, 2014, p. 67-69).

Burocracia que pode ser definida como um sistema de controle social baseado na racionalidade – adequação por meio de planejamento dos meios para alcançar os fins –, tendo como referência a eficiência. Mas que possui disfunções causadas pela administração moderna que tem a tendência de se identificar com a burocracia que levam a ineficiência do modelo, causadas pela centralização e a verticalização do processo decisório, tendo como consequência a morosidade dos trâmites, e a falta de flexibilidade, ou seja, a preocupação obsessiva pelas regras, transformando a burocracia num emperramento do processo decisório. Ao contrário do modelo preconizado por Weber, no qual eram reduzidas a desordem, a complicação, a arbitrariedade e a discricionariedade, comuns nas administrações senhorias, para dar lugar a mecanismos e estruturas claros e diferenciados, por meio dos quais as relações mercantis poderiam desenvolver-se de forma livre (MATIAS-PEREIRA, 2014, p. 63-67; DAL BOSCO, 2008, p. 247-248).

Freitas (2014, p. 14) em referência ao extremismo exacerbado da legalidade burocrática e amarrada, faz a seguinte alusão a Ulisses e o canto da sereia: "De nada serve o simplismo de amarrar Ulisses ao mastro para impedi-lo de sucumbir ao canto das sereias.". Logo, em meio aos modelos, a administração burocrática preocupa-se essencialmente com o processo, com os procedimentos para o desenvolvimento dos serviços públicos, enquanto que a administração gerencial tem como preocupação central a ênfase na eficiência e no controle do resultado. O Foco deixa de ser a Administração Pública, para tornar-se a satisfação do cidadão. Neste contexto, o Estado assegura, no interesse do cidadão, a maior eficiência e qualidade dos serviços públicos, e não verifica apenas o cumprimento da legislação e o controle pesado, burocratizante, oneroso e labiríntico (MATIAS-PEREIRA, 2014, p. 07-08).

Esta última "reforma" ocorrida na década de 90 que direcionou a Administração Pública à vertente gerencial, tinha como base a premissa de que as instituições públicas devem tornar-se mais "parecidas" com o mercado, e, baseou-se no diagnóstico de que havia uma crise de Estado, manifestada em seus aspectos fiscais, patrimoniais e gerenciais. Nesse contexto, redefine-se o papel do Estado, qualificando-o mais como regulador do que indutor do processo de desenvolvimento, e flexibilizando a ação pública, por meio de um conjunto de medidas uniformizadoras que visam dar ao administrador público mais autonomia gerencial, numa tentativa de tornar a Administração Pública mais parecida com a privada (CAVALCANTI; RUEDIGER; SOBREIRA, 2005, p.37).

> A administração pública gerencial parte do princípio da necessidade de combater o nepotismo e a corrupção, mas que, para tal, não são necessários procedimentos rígidos, pois agora são repelidos universalmente os atos que confundem patrimônio público e privado. (PASCARELLI FILHO, 2011, p. 29).

A sociedade brasileira vem passando por várias transformações e sofrendo complexas mudanças econômicas e políticas, ajustando-se a uma função social, priorizando o bem-estar social e exigindo uma Administração Pública eficiente e capaz de atender as necessidades sociais de uma boa Administração Pública e de um bom Governo. E, o Estado deve desempenhar um papel ativo no processo de desenvolvimento e promoção de direitos sociais, se baseando numa premissa contrária à da reforma gerencial, enfatizando em vez de ser um ótimo alocador de recursos – pois o mercado apresenta na maioria dos casos formas imperfeitas – um promotor de políticas públicas e estímulos para diferentes setores, uma vez que o próprio mercado precisa de um Estado que funcione. Estado capaz e Administração Pública proficiente, com papel ativo em termos de promoção e proteção contra os efeitos nocivos do mercado. Para tanto, o papel de gestão pública nesse processo complexo continua a ser imprescindível, promovendo, por meio de Políticas de Gestão Pública, ações e medidas instrumentais que viabilizem condições para uma administração proficiente (CAVALCANTI; RUEDIGER; SOBREIRA, 2005, p. 41). Dror (1999) refere-se a falta de capacidade para lidar com as complexidades como sendo:

> [...] uma das justificativas para deixar que muitos processos sejam administrados pelos mercados ou por outros processos multiatores, na esperança de que as capacidades cognitivas agregadas a essas estruturas sejam superiores às de qualquer governo e adequadas para lidar com a complexidade. (DROR, 1999, p. 100).

Ao mesmo tempo em que a vertente gerencial alicerça seus pressupostos no pensamento organizacional do setor empresarial privado, onde a gestão estratégica é o determinante das relações produtivas e cujas dimensões são traçadas pelo econômico-financeiro, essa vertente acabou não sendo bem sucedida na abordagem da dimensão sociopolítica, pois deixou a desejar no que se refere à democratização do Estado brasileiro. Questões que envolvem as relações entre o Estado e a sociedade não foram suficientemente traçadas, permanecendo as características centralizadoras e autoritárias que marcaram a história político-administrativa do país. A vertente societal por sua vez tem como princípio a intersubjetividade das relações sociais, uma gestão social na qual se acentua a dimensão sociopolítica do processo de tomada de decisão, buscando construir e implementar um projeto político capaz de subverter o padrão autoritário das relações entre o Estado e a sociedade. Essa tentativa de inserir a dimensão sociopolítica em suas experiências de gestão tem aberto possibilidades para a renovação do modelo de gestão pública à medida que traz novas propostas para repensar as instituições públicas e a dinâmica administrativa (DE PAULA, 2016, p. 13,23).

A administração societal é uma vertente ligada ao intenso debate, mobilização, participação social e a construção de políticas que orientem a Administração Pública a exercer seu papel de instrumentalizadora dos direitos e garantias constitucionais reconhecidos pelo Estado. Gisele Souza e Elines Santos (2015) apresentam o modelo societal como uma proposta que procura:

> [...] substituir a administração gerencial tecnoburocrática por um gerenciamento mais participativo, com diferentes sujeitos ou atores. Nesse conceito, a gestão é entendida como uma ação político-deliberativa, na qual o indivíduo decide seu destino como cidadão, eleitor, trabalhador ou consumidor; sua autodeterminação se dá pela lógica da democracia, não pela lógica do mercado. (SOUZA G.; SANTOS, 2015, p. 27-28).

Portanto, a Administração Pública é o Estado atuando, faz parte deste. Quando aquela subverte a finalidade do Estado, deixa de existir, não representando mais os fins e interesses públicos e sociais. As políticas públicas gestadas na Administração Pública dão concretude aos direitos reconhecidos pelo Estado. E, são as Políticas de Gestão Pública que renovam e promovem uma Administração capaz, proficiente e proba, e não reformas intercadentes de governos, que mesmo legítimo pelo voto democrático e cidadão, deixam os fundamentos e objetivos do Estado à parte. Uma sociedade pode viver sem o Estado, e já viu-se isso antes da formação do Estado, mas um Estado não pode existir sem cidadãos, ou seja, sem a sociedade. Seria como um oceano sem água. E a mesma analogia pode ser feita à Administração Pública que dá concretude aos direitos reconhecidos pelo Estado por meio da promoção de políticas públicas.

Jaime Muñoz (2012, p. 21-23), em sua obra, apresenta que desde o princípio da Administração Pública, sua reestruturação foi, é, e seguirá sendo uma questão que acompanha inexoravelmente sua existência. E que a "reforma" da Administração Pública deve realizar-se a partir da realidade, uma vez que as aventuras revolucionárias perderam todo seu prestígio em nosso entorno. E, sustenta que caberiam as políticas públicas – e aqui incluem-se as políticas que tratam da gestão pública – uma mudança desde a raiz, realizada gradualmente, renovando a Administração Pública. O reformismo autêntico, parte da aceitação substancial da realidade presente. Essas políticas revolucionárias reformistas partem de um pressuposto de que nada há de aproveitável no presente, pressuposto este, radicalmente falso, o da inutilidade plena ou a perversão completa do que está posto. Para Freitas (2014) a saída contra as desproporcionalidades dos voluntarismos erráticos, na proposta por políticas verdadeiramente de Estado constitucional, parece estar em combinar virtudes de vários modelos e selecionar as melhores características, como o sincretismo inteligente e adaptativo, isento de cegueiras ideológicas (FREITAS, 2014, p. 10-12).

Para Baldo (2014, p. 24, grifo nosso) "na medida em que a prática da gestão pública colide com a cultura burocrática, torna-se **necessário um saber** que consiga contornar aquelas barreiras racionalizantes que protegem, no fundo, valores arraigados". Esse "saber" deve ser orientado pela preocupação dos governos em detectar as dificuldades que a Administração Pública enfrenta, e a partir dessa compreensão, por meio de um planejamento governamental, renovar e propor Políticas de Gestão Pública em direção a sua proficiência. As reformas que a Administração Pública brasileira passou propuseram na maioria das vezes reformas pontuais e imediatistas, deixando de lado a legítima necessidade administrativa, muitas vezes pelo desconhecimento da realidade e da compreensão da necessidade que envolvem estas organizações.

E, é nesse contexto que nada parece mais urgente do que restaurar a confiança na gestão pública, que se reinventa na proposta de tornar a Administração Pública proficiente, e são as Políticas de Gestão Pública que inovam nessa perspectiva. A partir da construção e implementação de um projeto político capaz de subverter o padrão autoritário das reformas, e incluir na agenda as necessidades, ouvindo os envolvidos e compreendendo a realidade, formulando, implementando, executando, monitorando e avaliando as políticas que deram certo, e corrigindo as que não atingiram o propósito traçado.

Dror (1999, p. 169) enfatiza que não existe um modelo ótimo de governança – Administração Pública –, nem qualquer conceito operacional válido de quais sejam as melhores capacidades possíveis para governar, uma vez que, os padrões ideais das diferentes formas de administração dependem dos valores e das situações dentro das quais cada governo atua, partindo das necessidades locais e compreendendo a estrutura existente, e a partir desta dimensão sociopolítica que deve ser repensada a dinâmica administrativa, pela lógica da democracia e do debate, da participação social e da própria Administração Pública enquanto órgão representativo do Estado.

As "reformas" se propuseram melhorar a gestão pública, quem sabe aproximando-a um pouco mais do conceito de "boa administração". Neste contexto de transformações estruturais, econômicas e sociais, mudanças foram realizadas na forma de gerir a Administração Pública, mas a evolução das práticas administrativas em direção ao interesse público e à democracia ainda permanecem sendo um desafio (DE PAULA, 2016, p. 21).

Nuria Cunill Grau (1998, p. 215) vislumbra o Estado como encorajador de uma sociedade policêntrica, caracterizada pelo envolvimento desta sociedade, com capacidades estratégicas e adaptativas apto a promover políticas públicas e garantir os direitos instituídos na Constituição. Um "Estado inteligente" calcado na abertura e na adaptabilidade aos agentes sociais, contra a burocracia autorreferida, em benefício da transparência.

> [...] A administração pública precisa atentar ao espaço da comunidade, ou seja: a sociedade civil. Afinal, a partici-

> pação na deliberação e na gestão da coisa pública impede que a representação corporativa, funcional e setorizada leve à apropriação dos meios administrativos de produção e de regulação pelos grupos de interesses mais expressivos, como tem ocorrido no longo histórico de práticas clientelistas. (BALDO, 2014, p. 151).

A renovação da Administração Pública deve se pautar por uma lógica de abertura de seus pedestais burocráticos. Neste sentido, corrobora a análise que Gaetani (2004) faz ao referir-se a arquitetura organizacional da Administração Pública:

> Na esfera da arquitetura organizacional convivem na administração pública brasileira uma babel de arranjos institucionais gerados ao longo dos últimos quinze anos. Novas estruturas sobrepõem-se às antigas sem que estas necessariamente deixem de existir ou sejam absorvidas pelas novas. A contrapartida desta pluralidade é uma fluidez funcional para os governantes que podem lançar mão de uma vasta variedade de modelos de acordo com sua conveniência momentânea. O imbróglio jurídico resultante vem dificultando a implementação de reformas modernizadoras na administração pública e a estruturação de estruturas organizacionais *accountable* e efetivas. (GAETANI, 2004, p. 02).

Em meio a este imbróglio jurídico que torna inoperante a Administração Pública, Mello (2010, p. 122) aponta que a Constituição, em seu artigo 37, traz esculpido a eficiência, que tem no princípio da "boa administração", uma faceta deste, mais amplo e norteador de uma atividade administrativa mais congruente, oportuna e adequada aos fins a serem alcançados pelo Estado, e fazendo valer a máxima do princípio da indisponibilidade do interesse público.

Princípio da indisponibilidade do interesse público referido por Mazza (2015, p. 95) como sendo, ao lado do princípio da supremacia do interesse público, supraprincípios do direito administrativo. A supremacia do interesse público sobre o privado, também chamada simplesmente de princípio do Interesse Público, ou da finalidade pública, exprime que os interesses da coletividade são mais importantes que os interesses individuais.

Já o princípio da indisponibilidade do Interesse Público, proclama a superioridade do interesse da coletividade, se constitui no interesse do todo, ou seja, do próprio conjunto social, assim, como acerta também ao sublinhar que não se confunde com a somatória dos interesses individuais, peculiares de cada um, traduzindo-se no interesse do todo, do próprio corpo social (MELLO, 2010, p. 59-61). Segundo o autor o interesse público deve ser: "conceituado como o interesse resultante do conjunto dos interesses que os indivíduos pessoalmente tem quando considerados em sua qualidade de membros da sociedade e pelo simples fato de o serem." (MELLO, 2010, p. 61).

Nesse sentido, é atendendo ao interesse público e aos preceitos constitucionais que as "reformas" e as Políticas de Gestão Pública devem rumar, e não fortalecendo classes burocráticas, ao engessar ainda mais a Administração Pública tornando-a inoperante e incapaz de cumprir com seus propósitos.

2.2.4 Direito fundamental à boa Administração Pública

Como já referido, o dever de boa Administração é consagrado no Direito Italiano, e impõe à Administração Pública a obrigação de realizar suas atribuições com rapidez, qualidade, perfeição e rendimento, observando e subordinado à legalidade (GASPARINI, 2010, p. 76; MELLO, 2010, p.122). Administração Pública defensora dos interesses públicos – democracia, liberdade, igualdade, moralidade e eficiência – recebe da lei poderes especiais não extensivos aos particulares. E, é informada por diversos princípios irradiadores[6] destinados a orientar o administrador e os servidores públicos na prática dos atos administrativos, garantindo a boa Administração Pública, que se consubstancia na correta administração da *res publica* e na proficiente gestão dos recursos em prol do interesse coletivo, além de assegurar ao administrado seu direito a praticas administrativas honestas e probas (SILVA, 2010, p. 340).

Todos esses mecanismos utilizados pela Administração Pública devem obedecer a parâmetros de moralidade, no sentido de que as finalidades a serem atingidas sejam legítimas, ou seja, a escolha de bons governantes é o propósito de uma eleição, enquanto que a definição de políticas que atendam ao interesse público é a finalidade da atuação dos representantes eleitos. Logo, o direito a uma administração moral e eficiente, resulta do exercício da democracia, atendendo às necessidades dos que os elegeram e conforme os princípios orientadores da atividade pública (DAL BOSCO, 2008, p. 116-117).

E, é a partir destes pressupostos e princípios expostos que emerge o direito fundamental à boa Administração Pública, inspirado no artigo 41 da Carta dos Direitos Fundamentais de Nice, norma implícita e de imediata eficácia em nosso sistema, e a provocar o controle e enfrentar a discricionariedade fora ou aquém dos limites constitucionais (FREITAS, 2014, p. 13).

> Artigo 41. Direito a uma Boa administração
>
> 1. Todas as pessoas têm direito a que os seus assuntos sejam tratados pelas
> instituições e órgãos da União de forma imparcial, equitativa e num prazo razoável.
>
> 2. Este direito compreende, nomeadamente: o direito de qualquer pessoa a ser ouvida antes de a seu respeito ser tomada qualquer medida individual que a afecte desfavoravelmente; o direito de qualquer pessoa a ter acesso aos processos que se lhe refiram, no respeito dos legítimos interesses da confidencialidade e do segredo profissional e comercial; a obrigação, por parte da administração, de fundamentar as suas decisões.
>
> 3. Todas as pessoas têm direito à reparação, por parte da Comunidade, dos danos
> causados pelas suas instituições ou pelos seus agentes no exercício das respectivas
> funções, de acordo com os princípios gerais comuns às legislações dos
> Estados-Membros.
>
> 4. Todas as pessoas têm a possibilidade de se dirigir às instituições da União numa
> das línguas oficiais dos Tratados, devendo obter uma resposta na mesma língua.

O direito fundamental à boa Administração Pública determina a obrigação de justificar racionalmente, na tomada das decisões administrativas, a vinculação às prioridades constitucionais. Repudiando o administrador que age de modo inteiramente livre, assumindo ilícita atitude avessa à ativação dos direitos fundamentais e essenciais à vida digna, com um predomínio senhorial e dissimulado da "Casa Grande", subproduto da lógica solipsista do patrimonialismo (FREITAS, 2014, p. 13, 20-21).

Segundo Freitas (2014, p. 21-22) é um verdadeiro encadeamento de direitos, regras e princípios, onde abrigam-se em especial sete direitos mínimos, que não excluem outros. O primeiro, é o direito à Administração Pública transparente, que supõe evitar a opacidade (salvo quando o sigilo for justificável), que está em conexão direta com o princípio constitucional da publicidade, com especial destaque para o direito a informações inteligíveis, inclusive sobre o planejamento orçamentário e de gestão – PPA, LDO e LOA – e sobre o processo de tomada de decisões administrativas que afetarem direitos.

O segundo, é o direito à Administração Pública sustentável, que implica fazer preponderar, inclusive no campo regulatório, o princípio constitucional da sustentabilidade, que determina a preponderância dos benefícios sociais, ambientais e econômicos sobre os custos direitos e indiretos (externalidades negativas), de molde a assegurar o bem-estar multidimensional das gerações presentes sem impedir que as gerações futuras atinjam o próprio bem-estar multidimensional, em consonância com o artigo 225, da CF/88.

Outro, é o direito à Administração Pública dialógica, com amplas garantias de contraditório e ampla defesa, respeitadora do devido processo, com duração razoável e motivação explícita, clara e congruente, em sintonia com o artigo 5º, inciso LXXVIII, da CF/88 que dispõe que em âmbito judicial e administrativo, são assegurados a razoável duração do processo; e o inciso LV, onde aos litigantes, em processo judicial ou administrativo, e aos acusados em geral são assegurados o contraditório e ampla defesa, com os meios e recursos a ela inerentes.

O direito à Administração Pública imparcial e desenviesada, isto é, aquela que, evitando os desvios cognitivos, não pratica nem estimula discriminação negativa de qualquer natureza e, ao mesmo tempo, promove discriminações inversas e positivas (redutoras de desigualdades), amarrada ao princípio constitucional da moralidade administrativa, disposto no artigo 37, *caput*, da CF/88.

Também, o direito à Administração Pública proba, amarrado ao princípio constitucional da moralidade administrativa, que veda condutas não universalizáveis, sem implicar moralismo ou confusão entre o legal e o moral, uma vez tais esferas se vinculam, mas são distintas.

O direito à Administração Pública respeitadora da legalidade temperada, que não se rende à "absolutização" irrefletida das regras, intimamente ligado ao princípio da Legalidade.

E, o direito à Administração Pública preventiva, precavida e eficaz eis que comprometida com resultados compatíveis com os indicadores de qualidade de vida, em horizonte de longa duração; previsto como fundamental à boa Administração Pública e que possui conexão direta com o princípio constitucional da legalidade.

Neste contexto, percebe-se que a atenção desloca-se do foco do Estado e da dimensão econômica de sua ação para atingir a sociedade de modo mais amplo, estendendo-se também para acrescentar a percepção das esferas política e social. Com isso, sobressai o imperativo de fortalecer e trazer efetivamente a sociedade para o centro do processo de decisão política, promovendo uma boa Administração Pública, assentada no interesse público, de onde emergem políticas públicas e de gestão pública (BERGUE, 2014, p. 04).

A Administração Pública possui uma função instrumental e supletiva de concretização dos conteúdos e conformação ponderativa dos limites e noções de interesse público. Atuação vinculada às balizas constitucionais e à consecução otimizada dos direitos e interesses assegurados na Constituição. Esta dimensão supletiva e finalística jamais poderão ser legitimamente promovidas a partir de parâmetros vagos, autoritários e apriorístico de supremacia do interesse público, que confunde-se com os valores indisponíveis assegurados pela Constituição, sob o signo inafastável dos direitos fundamentais e da centralidade da dignidade da pessoa humana (CRISTÓVAM, 2015, p. 116-117).

A falta de uma boa administração acaba por caracterizar um mau governo. A boa administração, cada vez mais, é considerada um direito de cidadania dos administrados, pois a existência de todo o aparato público só tem sentido se estiver voltado ao atendimento das demandas sociais. Por essa razão, a Administração deve ajustar-se às mudanças que ocorrem em seu entorno, para atender às necessidades dos administrados (DAL BOSCO, 2008, p. 176-179). Para a autora boa Administração é aquela que:

> [...] eficiente e adequada, entendida a eficiência como o melhor emprego possível dos recursos para alcançar os objetivos marcados para a Administração, e a adequação como a exigência de estrutura organizativa capaz de atender aos fins institucionais, de modo a assegurar a rapidez, simplicidade, regularidade e economia nas ações administrativas, além de procedimentos corretos para orientar as relações entre o poder público e os cidadãos. (DAL BOSCO, 2008, p. 176).

O TJ do RS em decisão afirma que o dever de eficiência diz respeito à boa Administração Pública, e ainda, conclui que este dever à boa Administração Pública capaz e eficiente decorre do princípio do respeito à dignidade da pessoa humana, insculpido no inciso III, do artigo 1º, da CF/88.

> [...] **O dever de eficiência diz respeito à boa administração.** O abuso de direito, como espécie do gênero ilegalidade, ocorre quando o ato ultrapassa os limites das atribuições da autoridade ou se desvia das finalidades administrativas. **É dever decorrente do princípio do respeito**

> **à dignidade da pessoa humana** o cumprimento e a adoção de cautelas [...]. (RIO GRANDE DO SUL. TJ, 1992, grifo nosso).

Nesta linha, considerando que supraprincípios norteiam a Administração Pública com a proposta de torná-la proficiente e dotada do atributo de boa Administração na promoção de políticas públicas, aparece a Administração como um elemento-chave para assegurar que as aspirações dos cidadãos possam fazer-se realidade.

Portanto, o direito à boa Administração Pública ou a um bom Governo – tema da próxima seção –, não são só uma característica que deve fulgir aos aparatos governamentais ou administrativos, mas sim, sobretudo, um direito reconhecido pelo Estado e que assista aos cidadãos. O Estado capaz e a Administração Pública proficiente devem estar a serviço permanente do interesse público, ficando autorizado, a despojar-se das praticas patrimonialistas/clientelistas, e da burocracia e suas disfunções, propondo-se a apresentar políticas públicas e de gestão pública que promovam e atendam as necessidades da sociedade. E, em meio a discricionariedade que permeia as escolhas do governo, somente terão legitimidade as políticas públicas e de gestão pública que forem sistematicamente orientadas para a sociedade, com o propósito de tocar o interesse público, e que respeitem os limites constitucionais reconhecidos pelo Estado democrático de direito.

3 GOVERNO E POLÍTICAS DE GESTÃO PÚBLICA

Este capítulo, organizado em quatro partes, se propõe a apresentar noções indispensáveis sobre governo e gestão pública; bom governo e discricionariedade em políticas públicas; políticas públicas; e, Políticas de Gestão Pública, expondo conceitos, aportes legais e domínios que fundamentam estas políticas. O tratamento dessas questões relativas ao governo e à Administração Pública será importante para análise das Políticas de Gestão Pública a ser feita no capítulo seguinte.

A Administração Pública é a parte da ciência da administração que se refere ao governo, onde se faz o trabalho de governança. A Administração Pública não pratica atos de governo; pratica tão-somente atos de execução. Portanto ao final será possível inferir que o governo dentro de sua atividade discricionária é responsável por comandar com responsabilidade constitucional a promoção de políticas públicas e de gestão pública. Políticas de gestão que buscam tornar a Administração Pública proficiente e capaz de cumprir com seu mister de atender o interesse público e social, bem como a necessidade de um bom governo e uma boa Administração Pública.

3.1 Governo E Gestão Pública

Como foi possível inferir ao longo do capítulo anterior, é aspiração de todos a construção de um Estado capaz e uma Administração pública proficiente, comprometidos com o atendimento das necessidades sociais de uma boa Administração Pública e de um bom governo. Administração Pública voltada à concretização das políticas públicas que promovem o desenvolvimento da cidadania, da dignidade dos cidadãos e da nação. Contribuir para o aperfeiçoamento da gestão pública, significa percorrer um caminho virtuoso até a consolidação dos princípios constitucionais do Estado democrático de direito, tão duramente buscados em lutas que se desenvolvem no país por educação, saúde e infraestrutura, como transporte, saneamento e moradia; demonstra o compromisso com o fortalecimento da democracia, com a concepção de um Estado gerador de direitos, atuante e indutor do desenvolvimento econômico-social, ao garantir a oferta de serviços e bens públicos para toda a população (MAJEROWICZ, 2015, p. XVI).

Este Estado é um povo situado em determinado território e sujeito a um governo, logo, uma nação politicamente organizada. Estado que não pode ser considerado um fim em si mesmo, mas instrumento para alcançar a tutela da pessoa humana, incluindo a proteção dos direitos fundamentais, bem como a garantia da qualidade e da eficiência na prestação dos serviços públicos. O governo, em conjunto com a participação social, é o responsável por traçar as metas, as políticas e as diretrizes da Administração Pública, por meio de sua cúpula diretiva de agentes políticos, responsáveis pela condução dos altos interesses estatais, função desempenhada pelo poder executivo, mesmo poder encarregado do exercício da função administrativa (MAZZA, 2015, p. 44, 67; DAL BOSCO, 2008, p. 105-106).

A vontade estatal – União, Estados e Municípios – apresenta e se manifesta através dos denominados Poderes do Estado, que na clássica tripartição de Montesquieu, são o Executivo, Legislativo e Judiciário, independentes e harmônicos entre si, e com funções reciprocamente indelegáveis, conforme o artigo 2º da CF/88 (MEIRELLES, 2009, p. 61).

A Constituição, em consulta à sociedade, prevê as necessidades públicas a serem perseguidas pelos poderes do Estado, bem como as etapas da atividade a serem desenvolvidas para lográ-las. Tais necessidades não constituem senão conteúdo de direitos fundamentais, tomados em sua dimensão individual e transindividual, a partir do princípio da dignidade da pessoa humana e de outros previstos pelo constituinte (MENDES; BLANCO, 2015, p. 1404).

As práticas de governo na gestão pública podem ser vistas como ações intervencionistas em diferentes domínios, cujo objetivo é reparar determinadas falhas ao longo do processo de gestão e de prestação do serviço público. Assim, conduzindo o Estado e a sociedade em direção a satisfação do interesse público e a garantia da concretização de um Estado democrático de direito fundado na soberania, cidadania, dignidade da pessoa humana, valores sociais do trabalho e da livre iniciativa, e pluralismo político.

E para atingir esses objetivos, a Administração Pública e os governos tendem a concretizar estes direitos por meio uma complexa teia de políticas e ações, onde o Estado moderno desempenha um papel importante ao longo da história ao reconhecer e garantir direitos, e condicionar à Administração e aos governos os limites constitucionais. Posto que, é por meio da Administração Pública que o Estado possui competência para o exercício de atividades administrativas – administração da *res pública* –, executando políticas públicas, respeitando normas e princípios constitucionais, como o da legalidade, impessoalidade, moralidade, publicidade e eficiência.

Este Estado capaz e garantidor dos preceitos fundamentais, enfatiza sistematicamente a boa Administração Pública, e a boa governança ou bom governo. Mas a Administração gerencial que vislumbra-se não se direciona para a superação de contradições e conflitos sociais, resultando num Estado distanciado dos problemas políticos, pois não se volta para a evolução dos sistemas administrativos e deixa de enfrentar adequadamente a complexidade e os desafios da dinâmica política (DE PAULA, 2016, p. 98-99).

Dror (1999, p. 90) ao observar a capacidade dos governos afirma que: "[...] sociedades – e governos – despreparados para essas mudanças vão-se perder, sem dúvida, em complexos e intricados labirintos densos de miséria, semeados de áreas 'minadas' e cujas portas se fecham rapidamente para as oportunidades.". E prossegue referindo-se às ameaças e oportunidades que afetam a boa Administração: "A governância tem de funcionar no mundo real. [...] Por esse motivo, o aprimoramento da governância tem de ser ajustado pragmaticamente a determinadas instituições, culturas, valores, condições e ambientes." (DROR, 1999, p. 92).

Portanto, o bom governo é aquele que faz o que anuncia, no prazo certo, com a melhor qualidade, para o maior número de pessoas, ao menor custo possível, respeitando os fundamentos constitucionais. O governo que se omite, não exerce um papel essencial que lhe cabe, qual seja o de nortear as políticas públicas em consonância com as necessidades e interesses maiores da sociedade. E, para este ajuste, terão papel decisivo neste "nortear", as Políticas de Gestão Pública.

A partir dessas considerações, pode-se aduzir que essa "nova" Administração Pública se tornou hegemônica devido ao seu status de eficiência, que se funda na absorção do modelo organizacional e das formas de gestão apregoados pelo gerencialismo. No entanto, essa eficiência da administração do setor privado está cercada de milites e sua adequabilidade ao setor público é questionável. Ao imitar o setor privado, a administração gerencial posterga a elaboração de ideias e práticas de gestão que atendam às especificidades do setor público, a partir de suas deficiências e necessidades (DE PAULA, 2016, p. 101; DROR, 1999, p. 38).

Como uma nova vertente na busca pela solução da proficiência da Administração Pública, essa compreensão sobre a funcionalidade do governo e a discussão sobre políticas que melhorem a gestão pública – Políticas de Gestão Pública – ainda não alcançam a prioridade necessária, seja em âmbito governamental ou em sociedade. Possivelmente porque ambos as consideram uma dimensão secundária diante das prioridades das políticas públicas finalísticas que ocupam agenda e espaço de discussão pública (CAVALCANTI; RUEDIGER; SOBREIRA, 2005, p.33). Segundo Pascarelli Filho (2011) ao se analisar a estrutura administrativa constata-se que:

> [...] o padrão cultural e mesmo a filosofia de formulação, implementação e gerenciamento de políticas públicas que vem sendo utilizadas no Brasil [...] [possui] problemas conceituais e institucionais que são contundentes. São obstáculos culturais, históricos, políticos e administrativos de difícil superação, os quais **somente com o transcorrer do tempo, através do aprendizado cotidiano e do amadurecimento institucional e cultural, serão superados.** (PASCARELLI FILHO, 2011, p. 31, grifo nosso).

Para além da avaliação de programas, ações, projetos de reformas, e mesmo de políticas públicas, é necessário através do aprendizado cotidiano, do amadurecimento institucional e cultural, identificar e analisar as "questões de fundo", as quais informam, basicamente, as decisões tomadas, as escolhas feitas, os caminhos de implementação traçados em relação as estratégias de intervenção governamental propostas (HÖFLING, 2001, p. 30).

Assim, é salutar que a liberdade administrativa de escolhas – discricionariedade –, seja exercida "em razão e nos limites" das prioridades constitucionais vinculantes, conforme artigo 421 do Código Civil (2002), segundo o qual a liberdade será exercida em razão e nos limites da função social do contrato, em reminiscência ao contrato social (FREITAS, 2014, p. 37).

Para Meirelles (2009, p. 66) o governo é a autoridade governante de uma nação ou unidade política, que tem como finalidade regrar e organizar a sociedade – a governança. Diferencia o autor os conceitos e características da Administração e do governo:

> [...] [o governo é uma] **atividade política discricionária**; e a administração é a atividade neutra, normalmente vinculada à lei ou a norma técnica. **O Governo comanda com responsabilidade constitucional e políticas**, mas sem responsabilidade profissional pela execução; a Administração executa sem responsabilidade constitucional ou política, mas com responsabilidade técnica e legal pela execução. A Administração é o instrumental de que dispõe o Estado na área de suas atribuições e nos limites legais de sua competência executiva, só podendo opinar e decidir sobre assuntos jurídicos, técnicos, financeiros ou de conveniência e oportunidade administrativas, sem qualquer faculdade de opção política sobre a matéria. (MEIRELLES, 2009, p. 66, grifo nosso).

Para Margareth Carneiro (2010, p.09) "A administração pública pode ser entendida, de forma simplificada, como o governo em ação". Para Dror (1999, p. 07) a governância ou governança é "a capacidade geral para governar, é o próprio governo em ação, tomando decisões cruciais". Esse termo governança é polissêmico e exige especial cuidado na definição de seus contornos em razão do contexto e dos propósitos de sua adoção. Com relação à Administração Pública o conceito de governança pode oferecer uma perspectiva mais ampla de reconhecimento das relações em sociedade, transcendendo a esfera pública convencional, tomada em sentido estrito de uma Administração Pública como estrutura administrativa do Estado (BERGUE, 2014, p. 03).

Aos poucos, resta evidente a importância das Políticas de Gestão Pública, que por meio de arranjos de governança se propõe não apenas a reformar um modelo, mas renová-lo, e ouvir os vários interesses e forças que se autorregulam, reconhecendo a noção de governança não somente em relação à dimensão econômica do Estado, mas também alcançar as dimensões social e política da gestão pública, ressaltando a forma mediante a qual o poder é exercido (meio) na procura pela consecução dos fins públicos da ação estatal (BERGUE, 2014, p. 03-05).

Os governos ao longo dos tempos, têm se empenhado em implementar novas práticas de gestão pública na busca por tornar a Administração Pública proficiente. Porém, para alcançar esta Administração será melhor redesenhá-la a partir de seu asseio e deficiências (BALDO, 2014). Com o propósito de compreender melhor estes institutos, em prefácio à obra de Dror, Bresser-Pereira (1999) refere que para este, existe uma distinção entre o Estado e o bom Governo:

> [...] [bom Governo é aquele que] ajuda a construir o 'bom Estado'. Aqui é preciso ter clara a distinção entre o Estado e sua direção, o governo. A este, apoiado na sociedade, cumpre não apenas tomar as decisões sobre as políticas públicas a serem seguidas em cada momento, mas também as decisões institucionais sobre a ordem a ser estabelecida, sobre o bom Estado a ser construído, que por sua vez facilitará o trabalho dos governos. (BRESSER-PEREIRA, 1999, p. 09).

Nesse fecho entre governo e Administração Pública, Margareth Carneiro (2010, p. 03-04) concorda que a melhoria da Administração não está restrita a importar paradigmas das organizações privadas, mas fazem-se necessárias políticas públicas, planos, projetos e uma série de programas e ações consolidadas para que o governo viabilize uma melhoria substantiva e um salto qualitativo na Administração. Mas para que seja possível uma melhoria da gestão, faz-se necessário um governo comprometido e que trate da gestão pública como um problema de política pública, abrangendo as várias áreas que conformam o funcionamento das organizações governamentais e a capacidade de cumprirem suas missões institucionais (CAVALCANTI; RUEDIGER; SOBREIRA, 2005, p. 57).

Desse modo, a governança aborda não somente os resultados da ação dos órgãos que constituem o arranjo do aparelho do Estado, mas a forma como o poder de administração e governo são exercidos de modo articulado com os deveres de agir, orientados para a promoção do interesse público e da transparência. Pensar o conceito de governança pública implica reconhecer, à luz do pensamento sistêmico, que a organização precisa ser percebida menos como uma estrutura formal e mais como a resultante das interações que estabelece com os diferentes atores da sociedade (BERGUE, 2014, p. 04).

O TJ de MG em decisões recentes, reconhece a importância da interação entre os atores sociais, ao considerar que os direitos devem ser promovidos com colaboração da sociedade, bem como a salutar importância da gestão pública no contexto que envolve o bom governo e a boa Administração, preocupados com a sociedade e os preceitos constitucionais:

> [...] A educação constitui direito indisponível de todos e dever do Estado e da família, devendo ser promovida com a colaboração da sociedade, conforme os ditames constitucionais. O direito à creche ou a instituições congêneres é consagrado em regra com normatividade mais do que suficiente, **porquanto se define pelo dever, indicando a própria Administração Pública como o sujeito passivo.** [...] Não se justifica a manutenção de uma Administração Pública incapaz de preservar a educação de seus próprios cidadãos, **visto que a gestão pública não é um fim em si mesma, mas se justifica no bem estar e preservação da qualidade de vida dos administrados.** [...]. (MINAS GERAIS. TJ, 2016b, grifo nosso).

Essa gestão do poder discricionário da Administração Pública não como um fim sem si mesma, mas como instrumento de tutela e satisfação dos direitos fundamentais, segundo Dal Bosco (2008, p. 235) seria a concretização de uma Administração Pública garantista de direitos fundamentais. Utilizando-se da teoria de Ferrajoli, a autora afirma ser necessário a fixação de margens claras e bem definidas ao poder de discricionariedade dos governantes, com a implementação ou promoção de medidas no campo da Administração Pública, capazes de favorecer a efetiva prestação dos serviços indispensáveis à garantia da dignidade dos cidadãos, e atender aos preceitos de uma boa Administração e de um bom Governo

(DAL BOSCO, 2008, p. 235).

Conjecturar o planejamento governamental na Administração Pública reclama, preliminarmente, pensar a gestão pública em seu contexto, afirmando seus valores e elementos culturais mais essenciais e estruturantes, apropriando-se de sua construção histórica e especificidades, além da complexidade e necessária transversalidade que envolvem o mais aparentemente singelo de seus objetos – o interesse público. Qualquer esforço de transmutação da Administração Pública e de suas organizações que não coloque em relevo esses aspectos provavelmente contém em si o princípio do insucesso (BERGUE, 2014, p. 03).

Insucesso retratado por Dror (1999) ao apresentar o exemplo de duas civilizações, com o propósito de, sob estas duas conjecturas, concluir que as mudanças radicais nos valores humanos, nas culturas, nas civilizações e, talvez, na própria natureza do homem sejam essenciais para a sobrevivência e a prosperidade, desde que o processo de mudança conviva com as excepcionais capacidades para governar, compreender a realidade e construir o futuro.

> Estudos recentes sobre o fim da civilização maia rejeitam as explicações externas – crescimento desmedido da população, que teria levado ao esgotamento de recursos essenciais, alterações climáticas etc. Para alguns autores, o que "forçou a civilização maia a regredir para uma forma mais simples de sociedade" foi a grave falência política [...]. [E] A sociedade resultante, fragilizada [pela falência política], não teve meios para resistir ao poder dos espanhóis.
> Dinâmica bastante diferente [da falência política] observa-se na história do povo judeu. [Que] Durante a segunda metade do primeiro século da era cristã, os judeus passaram por quatro catástrofes: a destruição do Segundo Templo; o fracasso da revolta contra os romanos; o genocídio em alta escala; e o exílio da maior parte da população [...]. (DROR, 1999, p. 380-381).

A necessidade de uma gestão pública comprometida com os preceitos constitucionais, a fim de se evitar, como referiu

Dror a "falência política" ou da gestão pública, foi a forma encontrada para administrar o Estado. E a qualidade desta gestão é significativa, consoante Pascarelli Filho (2011, p. 87) ao reconhecer em sua obra que o: "esforço para obter maior qualidade na gestão orçamentária na administração pública acaba resultando numa maior qualidade na formulação das políticas públicas". Assim, a eleição da gestão pública como componente significativo das políticas governamentais, põe em destaque a necessidade de avançar rapidamente em mudanças qualitativas na formulação e execução do planejamento orçamentário e de gestão, renovando a Administração pública (CAVALCANTI; RUEDIGER; SOBREIRA, 2005, p. 71).

Para Bergue (2014, p. 07, 39) o termo gestão pode ser definido a partir do fluxo cíclico, virtuoso e recursivo das funções gerenciais de planejamento, organização, direção e controle; ou de forma mais simples, como planejar, executar e avaliar ou controlar. Tem-se, então, que o planejamento estratégico está mais intensamente associado a um dos elementos do processo de gestão – o planejamento. O planejamento estratégico é um proeminente formato de institucionalização do conceito de estratégia que ganha espaço no setor público a partir da década de 1990. Racionalidade presente por meio do PPA, LDO e LOA não somente como pressuposto do planejamento enquanto função gerencial, mas inerente à lei, atributo fundamental delineador da burocracia. Instrumentos de planejamento governamental que desempenham, nesse contexto restrito de interpretação, um papel preponderantemente associado à disposição de limites à ação governamental, vinculando-a aos parâmetros orçamentários e balizas constitucionais, com o propósito de garantir uma boa Administração e um bom governo.

Para Mendes e Blanco (2015, p. 1405-1406) o processo orçamentário previsto pela CF/88, pouco ou quase nada cuida de matéria tributária, mas sim se trata de um planejamento da gestão e da locação de recursos. A Constituição Federal de 1988, após décadas de uma gestão pública conturbada por desiquilíbrios econômicos e instabilidade política e social, estabeleceu as bases para a retomada de um processo extenso de planejamento governamental, contemplando as esferas federal, estadual, distrital e municipal. Adotando no processo de planejamento orçamentário e de gestão – PPA – um detalhamento das políticas a serem realizadas, e anualmente por meio da LOA, elaborada e executada de acordo com o disposto na LDO, igualmente de periodicidade anual que devem manter alinhamento com o PPA (RAASCH, 2015, p. 69).

Souza (2006, p. 26) aponta que: "A formulação de políticas públicas constitui-se no estágio em que os governos democráticos traduzem seus propósitos e plataformas eleitorais em programas e ações que produzirão resultados ou mudanças no mundo real". Assim, no Brasil as políticas e programas de governo se materializam no PPA, que é um plano orçamentário e de gestão pública, aprovado pelo legislativo, onde são definidos e desdobrados em políticas, programas e ações, orientados para um resultado (CARNEIRO, 2010, p. 15).

Para Dal Bosco (2008, p. 320) a formulação e a efetivação de políticas públicas e de gestão pública é um dos temas que reúne as maiores controvérsias da doutrina e jusrisprudência, pois as decisões se inserem nos atos administrativos discricionários. São políticas que não seguem – mas deveriam – os princípios orientadores da atividade pública, como a eficiência e a moralidade, ou que até mesmo são mal planejadas ou executadas. Cavalcanti, Ruediger e Sobreira (2005) ao referirem-se as Políticas de Gestão Pública, assinalam que estas incluem:

> [...] reflexões e medidas relativas a todo o processo de políticas públicas: desde sua inclusão na agenda e formulação, até seu monitoramento e avaliação. É condição necessária, mas não suficiente, para o processo de gestão de políticas finalísticas substantivas, como aquelas aqui analisadas. **Caberia à nova política de gestão pública:** - dirimir tensões e conflitos decorrentes de questões (e estruturas) relativas **às atividades-meio, entendidas aqui como o conjunto de medidas de otimização organizacional,** e às atividades-fim, ligadas ao processo de formulação e implementação de políticas finalísticas, dando conta das

interações de ambas; - dar coerência ao processo, **buscando a otimização da equação custo-efetividade**. (CAVALCANTI; RUEDIGER; SOBREIRA, 2005, p. 42, grifo nosso).

Portanto, uma Administração Pública – que costuma dispor de recursos limitados para atender as necessidades crescentes e ilimitadas – sem lacunas e duplicidades, com planos claramente definidos, é condição para melhorar a governança, facilitando a coordenação e melhorando os resultados. A exigência de resultados efetivos da gestão pública, foi um dos motivos para a "reforma administrativa", que passou a usar como instrumento de planejamento governamental a LOA, LDO e o PPA (MATIAS-PEREIRA, 2014, p. 134).

> O PPA dá destaque ao aspecto do planejamento da ação estatal e aponta a mudança do significado orçamento público, que, longe de representar mera projeção de despesas para o Poder Público ou peça contábil, evolui para tornar-se instrumento de controle e planificação da atividade financeira do Estado. (MENDES; BLANCO, 2015, p. 1406).

A Lei nº 4.320/1964 foi a precursora do processo de planejamento governamental, estabelecendo regras de direito financeiro para a elaboração e o controle dos orçamentos e balanços. Depois, o Decreto-Lei nº 200/1967 descreve que os elementos "planejamento" e "orçamento" estão intrinsecamente conectados para que durante a formulação das suas legislações específicas o planejamento previsto no PPA materialize-se por meio das diretrizes da LDO e na LOA.

Mas é a Constituição Federal de 1988, em seu artigo 165, que traz a necessidade da elaboração dos planos orçamentários e de gestão pública, complementada pela lei complementar nº 101 de 2000 – Lei de Responsabilidade Fiscal – que disciplina as finanças públicas controlando o crescimento da despesa de acordo com as receitas, e que preenche a lacuna para a obtenção do equilíbrio fiscal, trazendo também no seu bojo, a forma de elaboração do PPA, LDO, e LOA.

Não resta dúvidas de que a realização de despesa sem

autorização legislativa configura ato ilícito previsto no artigo 167, I, da CF/88. O conteúdo do orçamento é definido no texto constitucional pela negativa: "a lei orçamentária anual não conterá dispositivo estranho à previsão da receita e à fixação da despesa" (art. 165, § 8º, da CF/88). Como também não resta dúvida com relação a subordinação do conteúdo destas políticas, programas e ações aos preceitos constitucionais, não podendo imperar a discricionariedade fora ou aquém desses limites.

Para Mendes e Blanco (2015, p. 1406) "A ligação entre os três diplomas mencionados é tão intensa, que se poderia afirmar que nem o PPA, nem a LDO teriam significado algum sem a LOA. Os primeiros existem precipuamente em função da segunda, como instrumentos de planejamento, para regular sua criação e execução". E, neste mesmo sentido, ressaltando a importância destes instrumentos Raash (2015, p. 69) contextualiza este planejamento como uma proposta de solução para um longo período de "uma gestão pública conturbada por desiquilíbrios econômicos e instabilidade política e social, a Constituição Federal de 1988 estabeleceu as bases para a retomada de um processo extenso de planejamento governamental".

Portanto, a governança é imperativo de uma emergente e complexa configuração de sociedade, no seio da qual se molda o marco de um novo Estado e uma renovada Administração Pública. Conceito de governança que deixa evidente as relações com a noção mais ampla de Administração Pública, e com os conceitos que delineiam o planejamento governamental no contexto do setor público (BERGUE, 2014, p. 07). Assim, o Estado capaz e a Administração Pública proficiente dependem diretamente de um bom Governo envolvido e comprometido com esta missão, promovendo uma "boa governança", tema seguinte.

3.2 Bom Governo E Discricionariedade Em Políticas Públicas

Singular relação entre a Administração Pública e a lei, e, entre governo e atividade política discricionária é apresentada por Bobbio (2007, p. 96) como um problema do qual resultava a seguinte pergunta: "É melhor o governo das leis ou o governo dos homens?", e o autor procura a explicação em excertos de textos de Platão e Aristóteles:

> Platão, distinguindo o bom governo do mau governo, diz: "onde a lei é súdita dos governantes e privada de autoridade, vejo pronta a ruína da cidade [do Estado]; e onde, ao contrário, a leí é senhora dos governantes e os governantes seus escravos, vejo a salvação da cidade e a acumulação nela de todos os bens que os deuses costumam dar às cidades" *[Leis, 715íí]*. Aristóteles, iniciando o discurso sobre as diversas constituições monárquicas, põe-se o problema de saber se é "mais conveniente ser governado pelo melhor dos homens ou pelas leis melhores" [1286a, 9]. A favor da segunda extremidade enuncia uma máxima destinada a ter larga aceitação: "A lei não tem paixões, que ao contrário se encontram necessariamente em toda alma humana" *[ib., 20]*. (BOBBIO, 2007, p. 96)

A especial referência que faz Platão é de que o governo deve ter como baliza de suas ações a vinculação – não a discricionariedade desarrazoada – à legalidade, contíguo da moralidade e da Indisponibilidade do interesse público, princípios consagrados na CF/88. Superado ou não este problema do bom ou mau governo, para Höfling (2001, p. 31) o governo, é considerado como um conjunto de políticas que parte da sociedade, políticos, técnicos e outros, configurando-se numa orientação política de um determinado governante, que assume e desempenha as funções de Estado por um determinado período.

Neste contexto, oportuno a referência de que a prevalência do princípio da legalidade não exclui a discricionariedade, o que ocorre é apenas uma variação de intensidade entre a vinculação restrita da lei e a margem de autonomia da discricionariedade. O Estado democrático de direito concede ao governante de modo explícito, ou implícito, para a prática de alguns atos administrativos a liberdade na escolha de sua conveniência, oportunidade e conteúdo. Porém, não se trata de um poder atribuído em abstrato, uma liberdade, nem um direito subjetivo de natureza privada, mas uma margem de liberdade, conferida a este para que decida segundo a avaliação que melhor convier para o caso concreto, respeitados os limites impostos pela lei, resguardado à invocação vinculada ao interesse público. Lei que contém uma regulação sumária, não exaustiva, visando a assegurar que a melhor solução seja ponderada frente as circunstâncias do caso concreto (JUSTEN FILHO, 2015, p. 222-229).

Para Mello (2010, p. 962) se a lei regulasse todas as situações, padronizaria a resolução dos problemas públicos, tornando as soluções invariáveis mesmo diante de situações distintas, e que não poderiam antecipadamente, por meio da lei ser catalogadas com segurança jurídica, justamente porque a sociedade se transforma, e o direito não pode se manter estático ou invariável frente a situações que demandam a tomada de decisão do governante para a concretização de direitos. E segue, afirmando que a discricionariedade:

> [...] só transfere ao administrador o cometimento de eleger *in concreto* a solução ideal porque materialmente impossível, perante a realidade polifacética da vida, prever todas as situações suscetíveis de ocorrerem e todas as correspondentes soluções perfeitas para elas. Daí, que, para flexibilizar a ação administrativa, instrumentalizando-a para a obtenção do interesse público, confere certa "liberdade" no mandamento. (MELLO, 2010, p. 968).

Liberdade esta que permite ao governante optar pela política pública ou de Gestão Pública que melhor lhe convier para enfrentar o problema público externalizado. Segundo Justen Filho (2015, p. 223) os limites impostos pelo ordenamento jurídico devem ser respeitados, pois a autonomia decisória do gestor, nestas escolhas, não se desenvolve fora ou acima das normas jurídicas. E, segue afirmando que essa autonomia é criada pela própria lei:

> [...] que determina suas balizas. Em alguns casos, os limites

> à autonomia consistem nos princípios mais gerais, nos out-
> ros valores fundamentais. Em outros casos, a norma in-
> stituidora da discricionariedade estabelece limites mais
> preciosos e determinados. Há casos, em que tais limites
> se traduzem em requisitos para a escolha. Em outras
> situações, a norma veda a adoção de certas decisões. Há
> situações em que os limites se relacionam com a escolha
> da oportunidade para decidir, enquanto há outros casos
> em que a restrição envolve o conteúdo propriamente dito
> da decisão adotada. (JUSTEN FILHO, 2015, p. 224).

Para Mello (2010, p. 961) é "no interior das fronteiras decorrentes da dicção legal é que pode vicejar a liberdade administrativa.", e a violação pelo governante destas fronteiras veladas por princípios ou normas, pode gerar uma responsabilização apreciada pelo poder judiciário, conforme disposição do inciso XXXV, do artigo 5º, da CF/88. E, é entendimento uníssono na doutrina de que a violação a princípio é mais grave que a transgressão de uma norma, pois a desatenção ao princípio implica em ofensa não apenas a norma, mas a todo sistema, que tem afetado sua estrutura, e que tem no judiciário o poder responsável para tal conformação, pois:

> [...] não só assiste o direito mas o indeclinável dever de se
> debruçar sobre o ato administrativo, praticado sob título
> de exercício discricionário, a fim de verificar se se manteve
> ou não fiel desiderata da lei; se guardou afinamento com a
> significação possível dos conceitos expressados à guisa de
> pressuposto ou de finalidade da norma ou se lhes atribuiu
> inteligência abusiva. (MELLO, 2010, p. 975).

Assim, ao judiciário compete rever todo comportamento ilegítimo do governante que apareça como frontal violação da ordem jurídica, ou que a pretexto de apreciação discricionária ultrapasse as fronteiras (MELLO, 2010, p. 979). É neste sentido que o TJ de MG, em duas decisões recentes afirmou o compromisso de que a gestão pública deve ser norteada pelos princípios constitucionais, e o bom governo ao escolher as políticas à implementar, deve estar adstrito as balizas e ao planejamento orçamentário e de gestão, voltados a organização e a eficiência da gestão pública. Sob pena de responder pelo ato, devido a não conformidade/alinhamento entre o planejamento ou pela desobediência aos preceitos constitucionais, como depreende-se da leitura de trechos da ementa dos acórdãos:

> [...] O significado de gestão pública e dos princípios que a informam deve nortear a aplicação das sanções previstas na Lei nº 8.429/92 [Lei de improbidade Administrativa] em detrimento dos reflexos meramente econômicos dos atos de improbidade. (MINAS GERAIS. TJ, 2015).
> [...] As normas da Lei de Responsabilidade Fiscal [...] são interligadas entre si, voltadas à organização e eficiência da gestão pública. 3. A "estimativa do impacto financeiro dos aumentos de despesas" prevista no art. 16, I e no art. 21 da LRF não se trata de medida isolada, mas sim, ato para verificação da conformidade do acréscimo ao plano plurianual, Lei de Diretrizes Orçamentárias e Lei Orçamentária Anual. (MINAS GERAIS. TJ, 2014).

A Lei de Responsabilidade Fiscal (LC nº 101/00), voltada à organização e eficiência da gestão pública, como confirmou o trecho da ementa, prevê em seus artigos 15 e 16 que o governante deve atentar a conformidade e compatibilidade entre o PPA, LDO e LOA.

> Art. 15. Serão consideradas **não autorizadas, irregulares** e **lesivas** ao patrimônio público a geração de despesa ou assunção de obrigação que não atendam o disposto nos arts. 16 [...]
> Art. 16. A criação, expansão ou aperfeiçoamento de ação governamental que acarrete aumento da despesa será acompanhado de:
> II - declaração do ordenador da despesa de que o aumento tem [...] **compatibilidade com o plano plurianual e com a lei de diretrizes orçamentárias.**
>
> § 1º Para os fins desta Lei Complementar, considera-se:
> II - **compatível com o plano plurianual e a lei de diretrizes orçamentárias, a despesa que se conforme com as diretrizes, objetivos, prioridades e metas previstos nesses instrumentos e não infrinja qualquer de suas disposições.** (Lei Complementar n. 101, 2000, grifo nosso).

O sistema de planejamento governamental instituído pela CF/88 é dotado de mecanismos para a comprovação de que os objetivos elencados estão sendo cumpridos, como a compatibilização do PPA, LDO e LOA. Segundo Dal Bosco (2008, p. 392) quando estas leis orçamentárias e de gestão mal dimensionam os investimentos públicos, distorcendo as prioridades é cabível a declaração de inconstitucionalidade ou ilegalidade.

O Tribunal gaúcho também se alia ao mesmo entendimento mineiro de que o governante deve atentar ao planejamento governamental, sob pena de responder por ato de improbidade administrativa, como depreende-se da leitura da ementa do acórdão abaixo:

> [...] O reconhecimento de ato de improbidade administrativa demanda prova do ato antijurídico, dano ao erário, violação aos princípios da Administração Pública e conduta subjetiva do agente. No caso presente, os elementos probatórios **comprovam o ato ilícito praticado, bem como o dolo do agente, Prefeito Municipal, nos termos do art. 10, caput e inciso IX, da Lei de Improbidade Administrativa, ao realizar despesas não autorizadas por lei** [...] (RIO GRANDE DO SUL. TJ, 2016, grifo nosso)

Logo, a implementação de Políticas que representem a extrapolação do poder do Estado, em detrimento do respeito aos direitos fundamentais, são atitudes passíveis de punição. Esta probidade administrativa é uma forma de moralidade administrativa qualificada, demostrando que o administrador deve atender aos ditames de uma conduta ética[7] que mereceu atenção da Constituição, tanto no artigo 37, *caput*, como no parágrafo 4º.

> Art. 37. A administração pública direta e indireta de qualquer dos Poderes da União, dos Estados, do Distrito Federal e dos Municípios obedecerá aos princípios de legalidade, impessoalidade, **moralidade**, publicidade e eficiência [...].
> § 4º - Os atos de **improbidade administrativa** importarão a suspensão dos direitos políticos, a perda da função pública, a indisponibilidade dos bens e o ressarcimento ao erário, na forma e gradação previstas em lei, sem prejuízo da ação penal cabível. (BRASIL, 2015, p. 40-43, grifo nosso).

Esse dever de legalidade resume-se na obrigação do

agente agir dentro dos preceitos legais, e ainda mais grave é a violação que fere um princípio constitucional na medida em que aparece como uma insurgência contra todo o sistema, e uma subversão de seus valores fundamentais, capaz de corroer as bases do sistema. Os governantes devem ser responsabilizados por suas atividades e punidos por eventuais atos ilícitos, além prestarem contas de suas ações aos cidadãos e a outras instituições, característica esta fundamental em sistemas democráticos (DAL BOSCO, 2008, p. 319, 411).

Neste aspecto é possível a interferência do judiciário para corrigir desvios de rota que ocorrem em muitas decisões, fazendo valer o caráter garantista dos dispositivos constitucionais. O TJ gaúcho condenou governante que ofendeu princípios que regem a Administração Pública, respondendo por ato de improbidade administrativa, como depreende-se de trecho da ementa:

> [...] **Constitui ato de improbidade administrativa, ainda, a ofensa aos princípios que regem a Administração Pública.** [...] A Lei de Improbidade Administrativa tem por objeto alcançar o Administrador desonesto que age de má-fé, não o inábil, conforme jurisprudência assente no STJ. [...] Enquadramento no art. 10, IX, da Lei nº 8.429/92. (RIO GRANDE DO SUL. TJ, 2010, grifo nosso).

Segundo Dal Bosco (2008, p. 426) à sombra do garantismo jurídico, centrado na efetivação dos direitos fundamentais e no interesse público, e por eles limitado, o governante deve ser punido quando de sua atuação insuficiente. O ordenamento jurídico brasileiro dispõe de institutos capazes de penalizar o agente público que por falta de eficiência ou compromisso com a moralidade no seu agir, impõe aos administrados prestações públicas desproporcionais aos interesses públicos e fundamentos constitucionais. O ministro Eros Grau em decisão afirmou que a moralidade está "confinada" no âmbito da ética da legalidade: "Ética da legalidade e moralidade. Confinamento do princípio da moralidade ao âmbito da ética da legalidade, que não pode ser ultrapassada, sob pena de dissolução do próprio sistema." (BRASIL. STF, 2006).

Segundo Mousquer (2016, p. 101) "Uma boa gestão é em geral uma "arte" que exige ponderação e equilíbrio entre os fins e os meios". E essa busca pelo equilíbrio em função de prover o bom governo ou a boa gestão tem distanciado-se, cada vez mais, das práticas que deveriam ser adotadas enquanto orientadoras da atividade, pois, ainda que as leis privilegiem, não sobrevivem intactas às práticas administrativas desarrazoadas e descomprometidas com os fundamentos constitucionais do Estado democrático de direito.

E enquanto isso, é crescente o nível de exigência dos administrados por uma boa Administração e um bom governo, que sejam justos, eficientes e democráticos, mas, as mudanças para Dal Bosco (2008, p. 120) parecem não caminhar neste ritmo. Para a autora, em referência a Alejandro Nieto Garcia[8], um mau governo é um "desgoverno" que desordena a sociedade, perturba seu desenvolvimento com desvios prejudiciais ao grupo e aos indivíduos, pois o objetivo de um bom governo, é facilitar o desenvolvimento social espontâneo, mantendo a vigilância sobre os desvios imorais (DAL BOSCO, 2008, p. 178).

Assim, por governo, pode-se entender o resultado de uma organização, de uma previsão racional, dotada de meios e procedimentos dirigidos aos objetivos desejados pela coletividade. E, pode-se subtrair ao longo da seção que o bom governo é aquele balizado e subordinado aos preceitos constitucionais, e que delineia suas políticas com o propósito de atender a demanda de proficiência de uma Administração Pública comprometida com a execução de políticas públicas que observem as necessidades da sociedade, reconhecidas e garantidas pelo Estado.

3.3 Políticas Públicas

Da mesma forma que a sociedade se mantém em constante processo de mutabilidade, a Administração Pública, os governos, e as políticas que fazem referência a ela, devem acompanhar este processo. Segundo Walker (1995, p. 38, tradução do autor) estes conceitos "não são esculpidos em pedras, sua análise e entendimento mudam com o tempo, não devendo ser considerados como um produto finalizado". Assim, nesta seção a proposta se resume a apresentar conceitos e características afetos às políticas públicas, para que no próximo capítulo sejam trabalhados, da mesma forma, os referentes as Políticas de Gestão Pública – tônica principal deste trabalho. A literatura sobre o tema, apresenta várias formas de se classificar as políticas públicas, sendo ainda possível a construção de uma própria tipologia, e as Políticas de Gestão Pública comungam desta mesma compreensão.

Para Freitas (2014, p. 17-18) o Estado-Administração de escolhas públicas legítimas deve-se caracterizar, sobretudo, pelo hábito de compatibilizar o desenvolvimento, a sustentabilidade e a subordinação aos preceitos constitucionais, em vez de ser um aparato tendente a excessos e a omissões, libertando-se dos abusos de poder e das prioridades de curto prazo, somente alicerçadas na racionalidade instrumental. E prossegue acenando ser inquestionável que ainda perdure "[...] uma luta hamletiana, isto é, o embate entre o dever prestacional de qualidade e a entrega macunaímica à inércia ou ao desvio." (FREITAS, 2014, p. 19).

O papel das instituições, e aqui em especial do Estado, na definição dos rumos da nação é fundamental nas estratégias de desenvolvimento, organizando a vida de uma comunidade. Porém, o Estado necessita, com o propósito de superar a incapacidade, redefinir seu papel já não mais de agente hegemônico, mas sobretudo de articulador de ações coletivas a partir da ampliação da esfera pública, formando a base para o estabelecimento pactuado de políticas públicas estruturantes e sinérgicas de desenvolvimento (CAVALCANTI; RUEDIGER; SOBREIRA, 2005, p. 17).

Esse termo "políticas públicas" é introduzido recentemente na CF/88, passados pouco mais de duas décadas após sua promulgação, pelas EC nº 65/2010 e nº 71/2012.

> Art. 216-A. O Sistema Nacional de Cultura, organizado em regime de colaboração, de forma descentralizada e participativa, institui um processo de gestão e promoção conjunta de **políticas públicas** de cultura, democráticas e permanentes [...]. (Incluído pela Emenda Constitucional nº 71, de 2012).
> Art. 227. § 8º A lei estabelecerá:
> II - o plano nacional de juventude, de duração decenal, visando à articulação das várias esferas do poder público para a execução de **políticas públicas**. (Incluído pela Emenda Constitucional nº 65, de 2010). (BRASIL, 2015, p. 153, 161, grifo nosso).

São vários os conceitos de políticas públicas e suas relações, ocorre que estas e a discricionariedade do administrador público, duas categorias entrelaçadas, devem estar preservadas sob o manto da "boa administração", no intuito de que as prioridades constitucionais alcancem empírica compatibilidade com o interesse público (FREITAS, 2014, p. 30). Freitas (2014) expõe a importância de que as políticas públicas, bem como as de gestão pública, estejam vinculadas às prioridades constitucionais, fazendo a seguinte referência:

> Força sublinhar que, sofismas à parte, o **estado Constitucional consagra, explícitas e implícitas, prioridades vinculantes a serem observadas, de modo criterioso, na enunciação e na implementação das políticas públicas.** Nessa medida, crucial que o escrutínio das **escolhas públicas esteja endereçado, racionalmente, ao adimplemento das prioridades encapsuladas no direito fundamental à boa administração pública.** (FREITAS, 2014, p. 30, grifo nosso).

Para Freitas (2014, p. 31-34) não se admitem as condutas administrativas que se furtem a cumprir os condicionantes modulados pelas prioridades constitucionais relacionadas a dignidade da pessoa humana, por conseguinte a qualidade de vida. Na agenda das políticas públicas, verifica-se uma restrita liberdade conformadora, mas que não pode em hipótese alguma afastar-se dos preceitos constitucionais, reequacionando-se o escrutínio das escolhas públicas, conforme exemplifica Freitas (2014, p. 31) ao "decidir entre uma intervenção urbana voltada para o transporte individual ou para o transporte coletivo: brota da Constituição a prioridade inequívoca do transporte coletivo.". E, segue seu pensamento afirmando que as políticas públicas não são meros programas episódicos de governo, não admitindo: "tratar as políticas públicas como se tomassem parte do reino da discricionariedade imperial, no qual cada governante eleito pode formular, ad hoc, o rol de prioridades personalistas." (FREITAS, 2014, p. 33).

Carneiro (2010, p. 11) analisando as políticas públicas, afirma que estas "[...] criam estruturas e senso de direção. Qualquer política é uma decisão, é a materialização inicial que expressa a decisão do governo em fazer algo". Leonardo Secchi (2013, p. 02) em sua obra "Políticas públicas: Conceitos, esquemas de análise, casos práticos" reconhece que qualquer definição de política pública é arbitrária, e que na literatura especializada não há um consenso quanto à definição do que seja uma política pública. E, apresenta como conceito de política pública aquela "diretriz elaborada para enfrentar um problema público", e segue expondo que:

> Uma política é uma orientação à atividade ou à passividade de alguém; as atividades ou passividades decorrentes desta orientação também fazem parte da política pública. Uma política pública possui elementos fundamentais: intencionalidade pública e resposta a um problema público; em outras palavras, a razão para o estabelecimento de uma política pública é o tratamento ou a resolução de um problema entendido como coletivamente relevante. (SECCHI, 2013, p. 02).

Celina Souza (2006, p. 24-25) compartilha do mesmo entendimento ao afirmar que "não existe uma única, nem melhor, definição sobre o que seja política pública" e, mesmo as definições minimalistas circundam o discernimento dos governos, que é onde os embates em torno de interesses, preferências e ideias se desenvolvem. Alguns conceitos importantes para a compreensão do tema políticas públicas são apresentados por Souza em sua obra (2006):

> Mead (1995) a define como um campo dentro do estudo da política que analisa o governo à luz de grandes questões públicas e Lynn (1980), como um conjunto de ações do governo que irão produzir efeitos específicos. Peters (1986) segue o mesmo veio: política pública é a soma das atividades dos governos, que agem diretamente ou através de delegação, e que influenciam a vida dos cidadãos. Dye (1984) sintetiza a definição de política pública como "o que o governo escolhe fazer ou não fazer". (SOUZA, 2006, p. 24).

Para Gobert e Muller (1987 *apud* HÖFLING, 2001, p. 31) as políticas públicas são entendidas como o Estado em ação na resolução de um problema. É o Estado, por meio da Administração Pública, implantando um projeto de governo, através de programas, ações e medidas instrumentais voltadas para setores específicos da sociedade. Para Secchi (2013, p.10) um problema existe quando o *status quo* é considerado inadequado e quando existe a expectativa do alcance de uma situação melhor. Tomando esse entendimento, um problema público pode ser considerado como a diferença entre a situação atual e a ideal possível para a realidade pública. Só tornado-se público quando os atores políticos o consideram problema, ou seja, uma situação inadequada; e público, portanto relevante para coletividade.

As políticas públicas são, portanto, como um conjunto de instrumentos ou ações dos governos que repercutem na economia e nas sociedades, motivo pelo qual qualquer teoria precisa também explicar as inter-relações entre Estado, Administração Pública, política, economia e sociedade (DAL BOSCO, 2008, p. 245; SOUZA, 2006, p. 25). E esclarece Souza (2006) que a política pública é o campo do:

> (...) conhecimento que busca, ao mesmo tempo, "colocar o governo em ação" e/ou analisar essa ação (variável independente) e, quando necessário, propor mudanças no rumo ou curso dessas ações (variável dependente). A formulação de políticas públicas constitui-se no es-

> tágio em que os governos democráticos traduzem seus propósitos e plataformas eleitorais em programas e ações que produzirão resultados ou mudanças no mundo real. (SOUZA, 2006, p. 30).

O termo "política" segundo Dal Bosco (2008, p. 246-247) permite uma multiplicidade de significados, frequentemente usado para designar a política governamental acerca de uma área enquanto conjunto de regras que tratam de determinada problemática. A política se caracteriza como o processo de escolhas dos meios para se atingir os objetivos de uma Administração, um conjunto de processos que culminam numa escolha discricionária de quais prioridades atenderão melhor os interesses públicos reconhecidos pelo Estado.

Em países da língua inglesa, diferente do nosso, o termo apresenta dois sentidos. O primeiro *politics*, faz referência a atividade humana ligada à obtenção e manutenção dos recursos necessários para o exercício do poder sobre o homem. Já, o segundo, *policy* é a mais concreta, e tem relação com a orientação para a decisão e ação. Portanto, o termo política pública – *public policy* –, está vinculado a esse segundo sentido da palavra política, querendo tratar do conteúdo concreto e do conteúdo simbólico de decisões políticas, e do processo de construção e atuação destas decisões (SECCHI, 2013, p. 01).

Matias-Pereira (2012, p. 200-205) ratifica o entendimento dos demais autores e afirma que o termo "Política" em geral, está associado a quatro conceitos relevantes: poder, Estado, conflito, e bem comum. E, segue indicando que as políticas públicas *(policy)* são resultantes da atividade política *(politics)*, ou seja, compreendem o conjunto de decisões, ações e procedimentos relativos à alocação imperativa de valores, que visam à resolução pacífica de conflitos em torno da alocação de bens e recursos públicos.

À vista disso, a formulação de políticas públicas, ocorre em meio a elevadas disputas, pelos interesses diversos dos atores e densidade política, e, concretizam-se num cenário de relações labirínticas e conflituosas entre Estado e sociedade. A política não é resultado de uma decisão isolada, mas de um conjunto de decisões e da implementação de ações no tempo (MATIAS-PEREIRA, 2012, p. 194, 198).

O Estado deve ser entendido como uma organização destinada a manter as condições universais de ordem social. Assim, é possível compreender que as políticas públicas *(policy)* se apresentam como um elenco de disposições, medidas e procedimentos que espelham a orientação política *(politics)* do Estado e regulam as atividades governamentais no que dizem respeito às tarefas de interesse público, ou seja, compreendem todas as ações ou não ações do governo (MATIAS-PEREIRA, 2012, p. 204-205).

Por se tratar de uma ação intencional do Estado – incorporada ao elenco de ações do governo, e instrumentalizada pela Administração Pública – junto à sociedade, o processo de resolução de um problema político, na concepção do modelo das políticas públicas *(policy)* ocorre de forma sequencial, orientado por uma visão sistêmica de diferentes abordagens dentro de um modelo chamado de ciclo de políticas públicas *(policy cycle)* (MATIAS-PEREIRA, 2012, p. 211, 213, SARAVIA; FERRAREZI, 2006, p. 28).

As principais funções e tarefas do processo de políticas públicas são classificadas em cinco seguintes etapas que compreendem o *polity cycle*, como registra Wu, Ramesh, Howlett e Fritzen (2014) na obra "Guia de Políticas públicas: Gerenciando processos":

> -Definição de agenda: Colocar os principais problemas de política pública na agenda de políticas do governo, ou examinar os itens de pauta existentes e potenciais dentro de uma estrutura que leva em consideração os principais objetivos inter-relacionados de políticas.
> -Formulação: Desenvolver opções de políticas que abordem as questões destacadas de uma foma consistente com os objetivos de políticas.
> -Tomada de decisão: Adotar opções que atendam ao critério dos objetivos de política pública integrada e sejam aceitáveis para mais ampla gama possível de *stakeholders*.
> -Implementação: Traduzir as políticas públicas adotadas

> em ação, levando em conta os objetivos integrados.
> -Avaliação: Analisar a implementação das políticas adotadas em comparação aos critérios estabelecidos, que refletem objetivos de política pública. (WU et al, 2014, p. 149).

Este *polity cycle* contribui no processo de organização das ideias, fazendo com que a complexidade destas sejam simplificadas, além de ajudar os políticos, administradores e pesquisadores a criar um referencial comparativo para casos heterogêneos (SECCHI, 2013, p. 44). Para Secchi (2013, p. 5-7) a essência conceitual das políticas públicas é a existência de um problema público. São os contornos da definição de um problema público que dão à política o adjetivo de "pública". E, segue, afirmando que as políticas públicas são tanto as diretrizes estruturantes de nível estratégico, como as diretrizes de nível intermediário e operacional, considerando que parte da análise da construção teórica dos *policy studies* acontece sobre a análise de programas, planos e políticas públicas locais ou regionais.

Expostos alguns conceitos de "políticas públicas", Freitas (2014, p. 43) conclui apresentando como: "[...] aquelas políticas constitucionais de Estado, que o governo precisa, em tempo hábil, agendar e implementar, mediante programas eficientes, eficazes e justificados intertemporalmente, em conjunto com outros atores políticos.". E a escolha mais adequada às necessidades das populações deve ser o maior objetivo do governante. Ao contrário, quando a escolha dá lugar à prioridade para um interesse pessoal de quem define as políticas, há uma violação da moral pública e uma insubordinação ao arcabouço legal.

Portanto, as políticas públicas tomam forma de programas públicos, projetos, leis, inovações tecnológicas e organizacionais, e rotinas administrativas (SECCHI, 2013, p. 11). E, face a complexidade do ambiente social em que ocorre a execução destas políticas, se faz necessário que os governos se preocupem também com as Políticas de Gestão Pública, para que de forma proficiente a Administração possa garantir os direitos prestacionais constitucionais.

Processo prestacional e de democratização dos direitos que tem se intensificado por meio da formulação e a implementação de políticas públicas, ratificando o compromisso do Estado com a Constituição e a sociedade. Fato é que as Políticas de Gestão Pública que serão objeto de análise na seção que segue, tem relevante importância no processo de formulação das políticas públicas, mas os usuários destas raramente se interessam por esse tipo de política meio, já que, não tratam de prestação de serviços ou ações concretas do governo – atividade-fim – e, sim de gestão administrativa – atividade-meio.

3.4 Políticas De Gestão Pública

3.4.1 Histórico, conceitos e aporte legal

Em prefácio à obra "Desenvolvimento e construção nacional: Políticas públicas", Luiz Schymura de Oliveira (2005) reconhece que deve ser objeto de política pública o esforço para diminuir o que se convencionou chamar de falhas de governo. Pois por muitas vezes os governos se descolam dos objetivos almejados pela sociedade ou, embora os persigam, não conseguem alcançá-los, sendo necessário uma maior aproximação entre o Estado e os cidadãos, pela promoção, em primeiro plano, de Políticas de Gestão Pública, que não são meros programas episódicos de governo, e que melhoram a gestão do setor público, e por conseguinte aumentam a transparência e desburocratizem os serviços e rotinas públicas. Essa eficiência das políticas públicas, inevitavelmente passará pela obtenção de maior qualidade na formulação e gestão do orçamento do setor público por meio de Políticas de Gestão Pública (OLIVEIRA, 2005, p. 09-10).

Gaetani (2004, p. 08) sinaliza a importância deste protagonismo e visibilidade das Políticas de Gestão Pública nas discussões, ao referir que: "[...] a consciente persecução de políticas de gestão pública é condição essencial para sua clarificação. Sem protagonismo as políticas de gestão públicas não têm chances de se consolidar e projetar na arena governamental."

Neste contexto, não é sem motivo que a problemática da gestão pública tem merecido ampla discussão, objeto de reforma introduzida pela EC nº 19/98, dando nova redação ao artigo 39 da CF/88, ao falar em "política de administração": "Art. 39. A União, os Estados, o Distrito Federal e os Municípios instituirão conselho de política de administração e remuneração de pessoal, integrado por servidores designados [...]" (BRASIL, 2015, p. 45).

O processo de discussão acerca das "políticas de administração", segundo a Constituição, ou de gestão pública deve ser feito à medida que se discutem também as políticas públicas finalísticas. Apenas por meio da mobilização e devida articulação de atividades-meio e atividades-fim é que se torna possível um processo de transformação do setor público e de fortalecimento do papel do Estado (CAVALCANTI; RUEDIGER; SOBREIRA, 2005, p.43). Para Gaetani (2004) as Políticas de Gestão Pública constituem um conceito novo na discussão de políticas públicas e "reforma administrativa", expondo que:

> São debates que costumam ser tratados de forma separada e com poucos vasos intercomunicantes entre si. Políticas de Gestão Pública costumam ocupar um ponto cego na agenda dos governantes, embora sejam políticas sistêmicas e capazes de influenciar todas as políticas setoriais do poder executivo. O fato de freqüentemente serem políticas implícitas explica em parte as dificuldades de serem percebidas como pertencentes a um mesmo grupo de políticas públicas. (GAETANI, 2004, p. 01).

Revendo a referência de Carneiro (2010, p. 11) "as políticas públicas criam estruturas e senso de direção. Qualquer política é uma decisão, é a materialização inicial que expressa a decisão do governo em fazer algo", já para Secchi (2013, p. 02) são uma "diretriz elaborada para enfrentar um problema público"; portanto, é nesse sentido que as Políticas de Gestão

Pública devem se consolidar, contribuindo no enfrentamento do problema de falta de capacidade, eficiência, e probidade da Administração Pública.

Em entrevista à revista "Desafios do conhecimento" do IPEA, Gaetani (2007) aponta a importância das Políticas de Gestão Pública, quando perguntado se "em um país em que a res publica (coisa pública, em latim) muitas vezes é confundida como propriedade privada, há setores que solapam as bases das Políticas de Gestão Pública e se opõem às medidas que trazem mais transparência?", respondeu demostrando a importância do governo estar atento a defesa de políticas de gestão, afirmando que:

> [...] as políticas de gestão pública enfrentam esse problema. Muitas vezes não avançam porque as questões têm raízes fortes e profundas. Não vamos nunca encontrar manifestações favoráveis aos concursos públicos, mas há diversas manifestações de grupos de interesse defendendo a efetivação como servidores públicos, com direito a estabilidade e aposentadoria diferenciada. Ninguém vai defender os critérios republicanos de políticas de gestão pública a não ser o governo. Os grupos de interesses se manifestam em torno de causas particulares e não em causas universais. Num país como o Brasil, que teve dois períodos autoritários no século XX, que deixaram sequelas, estamos ainda exercitando a nossa democracia. (GAETANI, 2007, p. 11).

Além de enfrentar esse problema da falta de protagonismo na agenda das Políticas de Gestão Pública, também não se pode admitir: "tratar as políticas públicas como se tomassem parte do reino da discricionariedade imperial, no qual cada governante eleito pode formular, ad hoc, o rol de prioridades personalistas." (FREITAS, 2014, p. 33). Assim, não é possível que se admitam condutas administrativas que se furtem a cumprir os condicionantes modulados pelas prioridades constitucionais, verificando-se uma restrita discricionariedade, que não pode afastar-se destes preceitos, reequacionando-se ao escrutínio das escolhas públicas (FREITAS, 2014, p. 31-34).

A partir deste contexto, as Políticas de Gestão Pública

situam-se como promotoras de ações e medidas instrumentais que proporcionam condições para a construção crítica das relações entre os atores que procuram a proficiência da Administração Pública. Essa cautela aos preceitos constitucionais, e o agir proficiente da Administração, se mostram como consequência de políticas de gestão que resultam em serviços públicos que condicionam melhoria de qualidade de vida da população.

Para Kelmann (1992, p. 256) o desenho das instituições políticas é capaz de afetar o resultado do processo político e administrativo. Dessa forma, para se ter uma boa Administração Pública e um bom Governo são importantes Políticas de Gestão Pública, instituídas por meio do processo de planejamento governamental. Essas políticas de gestão possuem papel estratégico na construção de uma Administração Pública proficiente, gerando condições para que o Estado alavanque o desenvolvimento econômico ambientalmente sustentável e socialmente justo.

Como foi possível identificar anteriormente uma política pública é um projeto elaborado com o propósito de enfrentar um problema público, e possui dois elementos fundamentais, a intencionalidade pública e a resposta a um problema social. Francisco Gaetani (2007, p. 09), refere que as Políticas de Gestão Pública:"São políticas sistêmicas, que afetam o conjunto da administração pública." Portanto, políticas com respaldado do interesse público e intencionalidade de tornar a Administração Pública proficiente, em resposta a crise de capacidade e eficiência que esta tem enfrentado ao longo de sua história. E prossegue o autor afirmando que as Políticas de Gestão Pública:

> [...] são políticas implícitas – não estão muito claras. Por isso, embora sejam políticas, têm baixo apelo político e as classes políticas não estão muito interessadas nelas. E estão em ministérios mais técnicos, ocupados por profissionais de suas áreas. Quais são essas políticas? Serviço público, modelagem organizacional, auditoria e controle, compras governamentais, governo eletrônico, planejamento e orçamento. (GAETANI, 2007, p. 09).

As políticas públicas – explícitas – têm como alvo direto a sociedade, sua atividade-fim. Já, as Políticas de Gestão Pública – implícitas – indiretamente atingem a sociedade, e possuem estreita relação com aquelas, uma vez que são estas que dão tonicidade a Administração Pública, atividade-meio, estudando e compreendendo as necessidades da gestão pública, para que a Administração Pública possa atuar eficientemente na formulação e implementação das políticas públicas (CAVAL-CANTI; RUEDIGER; SOBREIRA, 2005).

O processo de formulação das Políticas de Gestão Pública também deve observar as definições das políticas públicas, pois para Dal Bosco (2008, p. 301) esses "[...] princípios que orientam a atividade pública também devem ser observados na definição e na execução de políticas públicas, ainda quando esta tarefa esteja inserida entre os chamados atos discricionários da Administração", e complementa a autora afirmando que tais atos devem balizar-se nos princípios irradiadores constitucionais e no interesse público, posto que, um governo ou Administração ineficientes provocam, nas populações, um sentimento de raiva e descontentamento.

Sociedade que parece insatisfeita com o que presencia, com os serviços ofertados e com a própria Administração Pública, e que passa a exigir serviços públicos especializados e de qualidade. E, é neste contexto que as políticas públicas de gestão pública, numa visão ampla, têm o dever de promover ações e meios que deem condições para a Administração Pública ser proficiente e capaz de atender as necessidades sociais de uma boa Administração Pública e de um bom governo.

Problemática na gestão pública que também reflete o momento atual, em que a sociedade se depara com uma Administração Pública envolvida em escândalos e corrupções, e que por hora demostra falta de probidade, proficiência e comprometimento com a sociedade e o Estado. E, são os governos por meio de Políticas de Gestão Pública que devem promover ações, programas, políticas que melhorem a capacidade desta

Administração Pública direcionando para que a gestão pública ou da *res publica,* seja suficientemente capaz de representar os interesses da sociedade e do Estado.

A observação dos princípios irradiadores da moralidade e do interesse público na escolha discricionária pelas políticas públicas ou de gestão pública devem refletir a escolha pelas intervenções mais adequadas às necessidades das populações. Segundo Dal Bosco (2008, p. 307) a circunstância de programar atividades com o objetivo de suprir, de modo efetivo, as carências da maioria da população, e não o de atender determinados setores apenas, em detrimento de outros menos afortunados, já é um indicador de moralidade a orientar tais ações. Ao contrário, quando a escolha dá lugar à prioridade para um interesse pessoal de quem define as políticas, há uma violação da moral pública, e os resultados podem ser "dolorosos".

Responsabilidades estas que também deve ser compartilhada, não só pelo Estado, mas pela sociedade, pois o cidadão que busca uma boa Administração Pública proba e que respeite os fundamentos constitucionais, também não pode ser o agente de corrupção, aquele que deseja levar vantagem, caso contrário, como vemos, permanecerá sendo vítima.

3.4.2 Políticas de Gestão Pública em domínios (áreas) de intervenção

Como visto na seção anterior, quando se fala em políticas públicas, são possíveis vários conceitos e tipologias. Ocorre que se tem esquecido das políticas de atividade-meio, que dão origem ao surgimento das políticas de atividade-fim, e são estas que, a partir de um ponto de vista garantista, se pretende analisar, por meio de ações intervencionistas em diferentes domínios da gestão pública, mapeadas em instrumentos legais de planejamento orçamentário e de gestão. Domínios que são categorizados por Coelho (2015, p. 12) como: papel do Estado, ajuste fiscal e arrecadação, qualidade de serviços públicos, e políticas de recursos humanos; e por Francisco Gaetani (2004) como depreende-se da leitura que segue:

> As Políticas de Gestão Pública incluem tradicionalmente cinco grandes áreas da administração pública: as relações trabalhistas no âmbito do poder público, a arquitetura organizacional do Estado, os processos de planejamento e execução orçamentária-financeira da ação governamental, os mecanismos de controle e auditoria do gasto público e as regras de licitação & contratação no âmbito da esfera estatal. Numa interpretação mais ampla duas outras políticas podem ser consideradas integrantes das Políticas de Gestão Pública: políticas regulatórias e governo eletrônico. (GAETANI, 2004, p. 01).

Faz importante ressalva Gaetani (2004, p. 02), ao afirmar que o conjunto das Políticas de Gestão Pública raramente se apresentam articulado e consistente internamente, motivo que justifica o alinhamento dos domínios, a partir da classificação apresentada pelos dois principais expoentes no tema. E, aponta quatro fatores que explicam esta situação: contextos distintos, jurisdições fragmentadas, lógicas contraditórias e desarticulação dos domínios das políticas em questão.

Estas são restrições de difícil superação conjunta, ocorrem porque se incluem variáveis de natureza bastante distintas, como: política, organizacional, ideológica e metodológica (GAETANI, 2004, p. 02). Dessa forma, a categorização que melhor se adapta as necessidades do trabalho é a de quatro domínios de Fernando Coelho (2015), no entanto, estes quatro domínios apresentados por Coelho sofrem uma adaptação, e são complementados pelas sete categorias de Gaetani (2004), resultando na seguinte categorização adotada no trabalho, conforme sintetizado no quadro 02:

Quadro 02: Domínios (áreas) de intervenção das Políticas de Gestão Pública

Francisco Gaetani (2004)	Arquitetura organizacional	Políticas regulatórias administrativas	Processos de planejamento e execução orçamentária-financeira	Controle e auditoria do gasto público	Regras de licitação e contratação	Governo eletrônico	Relações trabalhistas
Fernando S. Coelho (2015)	Papel do Estado		Ajuste Fiscal e Arrecadação		Qualidade dos serviços públicos		Política de recursos humanos
Categoriza-ção adotada no estudo	Políticas relacionadas ao "Papel do Estado, Arquitetura organizacional e de serviços administrativos"		Políticas relacionadas a "Ajuste Fiscal, Arrecadação e controle"		Políticas relacionadas a "Qualidade e transparência na prestação dos serviços públicos"		Políticas de "Recursos humanos "

Fonte: elaboração própria do autor.

Estes domínios procuram sistematizar a forma que o governo, por meio de políticas, delimita e organiza seus planos, programas e ações direcionados a gestão pública. Desse modo, considerando que tomar-se-á como referência estes domínios, para o mapeamento, análise e compreensão das Políticas de Gestão Pública, faz-se necessário expor teoricamente cada um deles com seus respectivos fundamentos constitucionais, uma vez que, como foi possível apurar no capítulo anterior, a discricionariedade da escolha por qual política eleger, não pode, afastar-se destes preceitos, posto não ser possível admitir-se condutas administrativas que se furtem à subordinação as condicionantes moduladas pela Constituição.

Com relação ao primeiro domínio **"Papel do Estado, Arquitetura organizacional e de serviços públicos"**, tem-se que o Estado deve observar, dentre outros, os princípios da legalidade, impessoalidade, eficiência e indisponibilidade do interesse público, previsto no artigo 37, *caput*, da CF/88, direcionando suas ações para a promoção do bem comum e o desenvolvimento da sociedade. Ações que devem ser concretizadas por uma Administração Pública que tem passado por profundas "reformas" em suas políticas de gestão, com o propósito de se tornar proficiente, e, detentora de uma arquitetura organizacional e de serviços apta a cumprir com o papel do Estado. Gaetani (2004, p. 01) afirma que no processo das políticas regulatórias do Estado, duas mais se identificam com as de Gestão Pública: a organização do serviço e o desenho destas organizações.

O parágrafo 7º, do artigo 39 da CF/88 sinaliza esta preocupação do Estado democrático de direito com o desenvolvimento de programas de qualidade, produtividade, modernização, reaparelhamento e racionalização do serviço público, como se constata:

> Art. 39, § 7º Lei da União, dos Estados, do Distrito Federal e dos Municípios disciplinará a aplicação de recursos orçamentários provenientes da economia com despesas correntes em cada órgão, autarquia e fundação, para aplicação no **desenvolvimento de programas de qualid-**

ade e produtividade, treinamento e desenvolvimento, modernização, reaparelhamento e racionalização do serviço público, inclusive sob a forma de adicional ou prêmio de produtividade. (BRASIL, 2015, p. 48, grifo nosso).

Neste sentido, subordinado à lei, o ministro Marco Aurélio em acórdão afirma que as decisões dos governos não podem se desvincular dos preceitos constitucionais, sob pena de configurar uma afronta aos princípios conducentes à "segurança jurídica – como da legalidade, da impessoalidade, da moralidade, da publicidade e da eficiência. A variação de enfoques, seja qual for a justificativa, não se coaduna com os citados princípios, sob pena de grassar a insegurança" (BRASIL. STF, 2005).

O segundo domínio se relaciona aos **"Ajuste fiscal, Arrecadação e controle"**, onde o governo intervém fazendo ajustes fiscais, como cortes no orçamento, fiscalizando, controlando, criando ou aumentando impostos no sentido de manter um equilíbrio econômico das contas públicas. Este domínio tem relação com todas as ações relacionadas à área de planejamento orçamentário-financeiro e de controle do gasto público. Para Gaetani (2004):

> [...] Avanços sem dúvida ocorreram [nesta área], como a recuperação da prática de planejamento, a introdução de sistemas de informações gerenciais informatizados, o esforço de implementação de indicadores de desempenho e responsabilização individualizada no PPA 2000-2003 e como na discussão pública [...] (GAETANI, 2004, p. 02).

Assim, o planejamento orçamentário-financeiro tem papel importante no controle dos gastos públicos, contribuindo também com as atividades exercidas pelos controles internos das Administrações Públicas (artigo 74, CF/88), bem como os controles externos, exercidos por tribunais de contas que possuem a atribuição constitucional de fiscalização e controle dos gastos das Administrações Públicas (artigo 70, da CF/88).

Em análise, Gaetani (2004) aponta a existência de

políticas de gestão neste domínio, como é possível depreender-se da atenção dada ao controle externo da Administração Pública Federal, porém, o que não reflete no controle interno, que tem passado por algumas oscilações, quem sabe pela ausência de Políticas de Gestão Pública que atentem as necessidades neste domínio, como depreende-se a exposição de Gaetani (2004):

> O controle interno tem passado por sucessivas mudanças na última década, algumas modernizadoras e outras bastante discutíveis do ponto de vista do controle interno da administração federal. Embora o Controle Externo – a cargo do Tribunal de Contas da União – venha passando por um processo de profissionalização e modernização contínuos o Controle Interno tem oscilado entre missões distintas e não necessariamente consistentes entre si: melhoria da qualidade do gasto, aumento da eficiência da máquina, controle da legalidade da despesa, combate à corrupção, aumento da transparência do gasto público e institucionalização de mecanismos de controle sistemáticos da ação governamental. (GAETANI, 2004, p. 02).

O terceiro domínio **"Qualidade e transparência na prestação dos serviços públicos"**, faz referência direta ao princípio da eficiência, ou seja, a qualidade na prestação dos serviços públicos; e ao princípio da publicidade, com a devida transparência dos atos administrativos. Em alguns dispositivos constitucionais como os parágrafos 1º e 3º do artigo 37; além do já referido artigo 39, parágrafo 7º, da CF/88, é possível constatar a referência à "qualidade dos serviços públicos" e "publicidade":

> Art. 37. A administração pública direta e indireta de qualquer dos Poderes da União, dos Estados, do Distrito Federal e dos Municípios obedecerá aos princípios da legalidade, impessoalidade, moralidade, **publicidade e eficiência** e, também, ao seguinte:
> § 1º A **publicidade dos atos**, programas, obras, serviços e campanhas dos órgãos públicos deverá ter caráter educativo, informativo ou de orientação social, dela não podendo constar nomes, símbolos ou imagens que caracterizem promoção pessoal de autoridades ou servidores públicos.
> § 3º I - as reclamações relativas à prestação dos serviços públicos em geral, asseguradas a manutenção de serviços

> de atendimento ao usuário e a avaliação periódica, externa e interna, da **qualidade dos serviços** [...]. (BRASIL, 2015, p.43, grifo nosso).

Ainda, sob esta ótica da qualidade na prestação dos serviços públicos, a Administração Pública na procura pela excelência da gestão pública tem dado atenção também ao setor de governo eletrônico, que consiste no uso de tecnologias de informação, oportunizando que a sociedade tome conhecimento dos processos internos do governo, e a forma que o Estado tem optado a entregar os produtos e serviços a sociedade. Gaetani (2004, p. 03) afirma que esta área é um setor crítico da Administração Pública dados as graves deficiências de capacidade dos governos na operacionalização de compras, celebração de contratos, geração de ganhos de eficiência e adoção de práticas transparentes de controle social do gasto público.

O governo eletrônico e a transparência da Administração Pública procuram atender ao princípio da publicidade dos atos administrativos, bem como a lei de transparência e de acesso a informação, políticas do governo que fortalecem o propósito de aproximar este princípio da realidade da Administração. Confirma esse entendimento Raasch (2015, p. 82) ao afirmar ser "imperativo associar o conceito de gestão à ampliação dos canais de atendimento à população, fato que implica desenvolver arranjos que prestem mais e melhores serviços aos cidadãos", pois importante papel cumpre o governo ao viabilizar condições para que o controle social possa ser efetivamente exercido pela sociedade em prol da boa gestão pública, disponibilizando a Administração Pública a devida transparência de seus atos.

> Propiciar transparência significa democratizar o acesso às informações sobre o funcionamento da administração pública e sobre a execução das suas ações e resultados produzidos, disponibilizando informações sobre as ações públicas em condições de serem entendidas, interpretadas e trabalhadas. O Estado deve disponibilizar espaços institucionais de interlocução e legitimação com os cidadãos e setores da sociedade, não como ato de ben-

> evolência, mas em atendimento a uma condição funda-
> mental para o adequado funcionamento da administração
> pública em regimes democráticos modernos. (PLANEJA-
> MENTO..., 2011, p.34).

Neste mesmo sentido, o TJ de MG em decisões recentes, tem afirmado o compromisso de que a gestão pública deve ser norteada pelos princípios previstos no artigo 37, e garantido no inciso XXXIII do artigo 5º, da CF/88, uma vez que a Administração Pública tem o dever de disponibilizar informações a respeito da gestão pública, permitindo que a população tenha acesso aos dados disponibilizados, efetivando-se a transparência ativa (iniciativa da Administração) e passiva (provocada pelo administrado), garantindo a participação cidadã, e visando o objetivo republicano de prevenção da corrupção e da má gestão pública.

> [...] A publicidade constitui princípio constitucional que
> rege a Administração Pública, garantindo a Constituição
> também o acesso à informação, nos termos do art. 37,
> caput e §3º, inciso II. A Lei nº 12.527/2011 é respon-
> sável por regulamentar a garantia constitucional de acesso
> à informação, abrangendo todos os poderes em todas as
> suas esferas. [...] A Administração Pública tem o dever de
> disponibilizar informações a respeito da gestão pública,
> permitindo que a população tenha acesso aos dados dis-
> ponibilizados, efetivando-se a transparência ativa (inicia-
> tiva da própria Administração) e passiva (provocada pelo
> administrado) [...]. (MINAS GERAIS. TJ, 2016c).
> [...] A proliferação de mecanismos de transparência e de
> exercício do controle externo por parte dos representantes
> dos cidadãos garante acesso à informação e instrumentos
> de participação cidadã, que, em última análise, visa o objet-
> ivo republicano de prevenção da corrupção e da má gestão
> pública [...]. (MINAS GERAIS, TJ, 2013).

Como corolário da publicidade, a transparência fiscal, prevista na Constituição e na Lei de Responsabilidade Fiscal, possui estreita ligação com o fortalecimento democrático. O acesso as informações fiscais – incluem-se aqui também os planejamentos orçamentário e de gestão – contribuem para o debate a cerca das finanças públicas, o que permite uma maior fiscalização destas por parte dos órgãos públicos responsáveis, e mais amplamente pela própria sociedade, descaracterizando a opacidade informal do Estado e reduzindo o hiato existente entre este e a sociedade. E mais que isso, não trata-se apenas de publicar os instrumentos de planejamento orçamentário e de gestão, mas sim, torná-los compreensíveis à sociedade, ao contrário, seriam opacos e inteligíveis. A padronização é também um instrumento a serviço desta transparência, posto que, sem a definição de requisitos mínimos de qualidade para prestação de contas por parte dos diferentes entes federativos, não é possível comparar os resultados alcançados. (MENDES; BLANCO, 2015, p. 1410-1412).

Dentro das **"Políticas de Recursos humanos"**, o Estado e a sociedade atual têm privilegiado o conhecimento, na qual o aperfeiçoamento constante é um pré-requisito. A qualificação, capacitação e o aperfeiçoamento visam promover o desenvolvimento dos envolvidos, para que desempenhem suas atividades com qualidade e eficiência. Nesse domínio Gaetani (2004, p. 02) observa uma sobreposição de problemas antigos como a consolidação do sistema de mérito, o aprimoramento dos sistemas de carreiras e a profissionalização do funcionalismo estatutário; e de novos desafios como a necessidade de contínuo desenvolvimento de novas competências, bem como a gestão de estruturas de incentivos baseados na meritocracia, recuperação salarial, proteção e segurança dos servidores públicos, motivação, e o incentivo ao aperfeiçoamento intelectual. (GAETANI, 2004, p. 02).

O parágrafo 7º, do artigo 39 da CF/88, já referido, aponta para esta preocupação do Estado com o aperfeiçoamento, treinamento, qualificação e desenvolvimento dos servidores, com o propósito de prestar serviços públicos com qualidade e eficiência. Além, de valorizar os atores envolvidos neste processo, que possuem a responsabilidade de instrumentalizar as ações do Estado por meio da Administração Pública.

3.4.3 Breviário

Apresentadas algumas noções essenciais que darão suporte ao estudo, neste ponto, opta-se por meio do quadro 03, sintetizar e apresentar didaticamente a diferença conceitual entre os termos, pois no capítulo seguinte serão apresentados os dados coletados nos instrumentos de planejamento governamental das Administrações Públicas municipais.

Quadro 03: Conceitos e diferenças substanciais

	Descrição conceitual
Políticas de Gestão Pública	As Políticas de Gestão Pública se apresentam como um conceito novo na discussão sobre gestão pública e políticas públicas. São políticas sistêmicas e capazes de influenciar todas as políticas setoriais da Administração. Pois são políticas de atividade-meio e implícitas, responsáveis por reparar falhas ao longo do processo de gestão, promovendo ações e medidas instrumentais que criam e viabilizam condições de gestão, tornando a Administração Pública proficiente, e garantindo uma boa Administração e um bom governo..
Gestão Pública	A Gestão Pública busca implementar novas práticas e procedimentos capazes de promover a proficiência da Administração Pública. A Gestão Pública não é um fim em si mesma, mas se justifica nos limites constitucionais, no interesse público e na preservação da qualidade de vida dos administrados, promovendo e garantindo um bom Governo.
Gestão de políticas públicas	É processo de gerir as políticas públicas, feito por meio do *policy cycle,* que é um esquema de visualização e interpretação que organiza as políticas públicas em fases sequenciais e interdependentes. Este ciclo contribui na organização em etapas, e faz com que a complexidade de uma política pública seja simplificada, criando um referencial comparativo, passível de estudo, monitoramento e avaliação.
Política públicas	Uma política é uma orientação, uma diretriz, elaborada para enfrentar um problema público. Uma

	política pública possui elementos fundamentais: intencionalidade pública e resposta a um problema público entendido como coletivamente relevante. Portanto, a essência conceitual de uma política pública é o problema público, e tudo aquilo que os governos escolhem fazer ou não fazer. As políticas públicas possuem como destinatários a sociedade, e são políticas de atividade-fim, dando concretude aos direito e garantias reconhecidos pelo Estado na Constituição.

Fonte: elaboração própria do autor.

Portanto, o protagonismo do Estado como agente de intervenção na resolução de um problema público está na atuação proficiente da Administração Pública. As práticas de governo na gestão pública podem ser vistas como ações intervencionistas – proposição e execução – em diferentes domínios, cujo objetivo é reparar falhas ao longo do processo de gestão e prestação do serviço público. Contribuir para este aperfeiçoamento da gestão pública, significa percorrer um caminho virtuoso até a consolidação dos princípios constitucionais do Estado democrático de direito. Segundo Cristóvam (2015, p. 27) este Estado: "[...] reclama um agir administrativo sob a perspectiva da consensualidade, da transparência, da construção de espaços abertos e democráticos de formação das decisões administrativas, do controle social e da eficiência da máquina pública."

Mas a busca por essa proficiência administrativa e a discussão sobre políticas que melhorem a gestão pública ainda não atingem o aprofundamento e dimensão necessários na agenda política dos governos. E, para esse protagonismo – posto que a visibilidade já foi confirmada pela literatura – mapeiam-se e analisam-se as Políticas de Gestão Pública em quatro Administrações Públicas de municípios da mesorregião Noroeste Rio-grandense.

4 ANÁLISE DAS POLÍTICAS DE GESTÃO PÚBLICA

EM ADMINISTRAÇÕES MUNICIPAIS DO NOROESTE RIO-GRANDENSE

> "Atualmente, o contexto social exige que repensemos a forma de atuação do Estado e o seu papel frente a sociedade, adotando-se princípios mais adequados de gestão, a fim de se aumentar a eficiência da ação estatal, sem abandonar a eficácia e a função de coordenação das políticas públicas."
>
> Doralice Lopes Bernardoni

Neste capítulo, empírico, são apresentados conceitos essenciais relacionados às fontes de pesquisa, bem como aspectos exploratórios relacionados à coleta de dados, que serão analisados, segundo o método de análise de conteúdo de Bardin (2006), a partir de inferência e interpretação.

O planejamento governamental por meio de Políticas de Gestão Pública requer a construção de soluções compartilhadas pela via do empenho de esforços técnicos e a mais qualificada atuação política em busca de legitimidade social para as ações de governo. Administrar a *res publica* é pensar a sociedade. É implementar políticas públicas, e avaliar essas ações e programas. Planejamento sob o encargo do governante, que é responsável por capturar os reflexos mútuos entre as diferentes áreas advindos de cenários futuros projetados e desejados pela Administração Pública. E, por conseguinte, concebido com o intuito de transcender governos ou gestões, e focalizado em ações de desenvolvimento das estruturas organizacionais orientadas pelos objetivos institucionais, definição de programas – administrativos e finalísticos – e as metas de gestão, por sua vez decorrentes do interesse público (BERGUE, 2014, p. 49-51).

A produção sistemática de informações, com base em diagnósticos e observações por meio da coleta de dados primários, cotejados com a teoria, como estes que se expõe nas seções seguintes, podem contribuir para a orientação do governante no processo de tomada de decisões, bem como na concepção de estratégias contextualizadas e customizadas. Os diagnósticos e observações também poderão servir de contribuição para o processo de construção de consensos acerca dos macrobalizamentos dessa "nova" perspectiva de renovar a Administração Pública por meio de Políticas de Gestão Pública que, embora ainda não consagradas, são por excelência definição dos governos, e subordinados aos preceitos constitucionais.

Para o levantamento dos documentos de planejamento governamental, foram acessados os sites oficiais dos municípios selecionados. Porém, no caso dos municípios de Ijuí e Santo Ângelo foi necessário ainda o contato via e-mail, uma vez que algumas planilhas necessárias para a coleta dos dados não constavam anexas. Não houve dificuldades com relação ao acesso aos dados; um pouco se acredita devido as próprias Políticas de Gestão Pública destes municípios, em especial as que dão atenção ao domínio da qualidade e transparência na prestação dos serviços públicos.

As Políticas de Gestão Pública foram apontadas pela literatura sobre o tema como políticas sistêmicas, que afetam a estrutura da Administração Pública. São políticas de atividade-meio, entendidas como um conjunto de ações e medidas instrumentais de otimização organizacional que procuram promover a "renovação" da capacidade da Administração Pública e da eficiência de sua gestão. É neste contexto que erguem-se as Políticas de Gestão Pública – não tão naturalmente, o que ao longo da literatura sobre o tema se confirma – como promotoras de ações e medidas para o agir proficiente da Administração Pública. Auxiliando no processo de planejamento e de execução orçamentária, viabilizando alternativas criativas e inovadoras em tecnologia da informação, portais de transparência, capacitação de servidores, reestruturação administrativa e de cargos, programas de qualidade, modernização da gestão, governo eletrônico, planejamento, arrecadação e fiscalização, atendimento ao cidadão, modelagem organizacional, auditoria e controle, entre outras.

Na primeira seção, são apresentados os instrumentos de planejamento governamental – PPA, LDO e LOA, e confirmado a sua importância para a consecução do propósito de tornar a Administração Pública proficiente e comprometida com os valores de uma boa Administração e de um bom Governo. Na seção que segue, são caracterizados os municípios com o desígnio de situar geograficamente a região, bem como cada um dos municípios, fotografando suas características de formação política, histórica, geográfica e econômica. A seção 4.3 é responsável por acomodar o registro do número das leis municipais que foram alvo de identificação e codificação. A seção seguinte, mapeia em cada Administração Pública as intervenções de Políticas de Gestão Pública nos períodos definidos. A frequência e a compreensão das Políticas de Gestão Pública, categorizadas em quatro domínios são objeto de análise na seção 4.6. E, por fim, a seção 4.7 confere o alinhamento das intervenções de

Políticas de Gestão Pública entre os instrumentos de planejamento governamental.

Ao final do capítulo é possível ratificar o protagonismo das Políticas de Gestão Pública, pois a maior parte dos governos municipais têm se preocupado em orientar e planejar os rumos de suas Administrações por meio das 167 intervenções identificadas e distribuídas em quatro domínios, caracterizando o emprego de intervenções com o propósito de melhorar a gestão e consequentemente a Administração Pública. E, ainda é possível observar que os governantes têm pautado e balizado suas ações de intervenção de Políticas de Gestão Pública em preceitos constitucionais, assim, fugindo a discricionariedade arbitrária e ilimitada que macula os governos e Administrações. Resta ainda, referir que a intenção do trabalho não foi avaliar estas políticas, até mesmo porque, ainda são desconhecidas, e aos poucos surgem como proposta de tempos melhores para a Administração Pública.

4.1 Instrumentos De Planejamento Governamental

O Estado deu início, por meio da CF/88, a revisão de sua forma de planejamento, instituindo a obrigatoriedade da elaboração de PPA, e a integração entre o planejamento e o orçamento. O processo de planejamento é uma atividade de extrema relevância para as organizações públicas, haja vista a necessidade de adequação às realidades sociais e contemporâneas. Nesse sentido, o planejamento pode ser compreendido como um processo lógico, instrumental, que auxilia o comportamento racional na consecução de atividades intencionais voltadas para que a organização possa atingir, por meio da direção almejada, seus objetivos (BERNARDONI; CRUZ, 2010, p. 28). Ainda, segundo os autores (2010) planejar é:

> [...] saber o que fazer, quando fazer, onde fazer, como fazer,

> com quanto fazer e para quem fazer. Portanto o planejamento deve conter, entre outros elementos, um plano, programa, ações, projetos, atividades, valores [...]. O planejamento em geral deve partir do geral (planejamento estratégico) para o específico (planejamento operacional). Entretanto, para que estes dois extremos se comuniquem, deve haver um planejamento intermediário, integrador (planejamento tático). (BERNARDONI; CRUZ, 2010, p. 28).

O sistema de planejamento na Administração Pública está estruturado de forma a atender aos três instrumentos de planejamento – PPA, LDO, LOA – norteando-se por um conjunto de elementos, que são os planos, programas e ações que contribuirão no processo de gestão pública e na tomada de decisão da locação de recursos. Estes três instrumentos são apresentados pelo poder Executivo ao Legislativo que concordando com a proposta de lei autoriza o poder Executivo, por período certo, a realizar as despesas e arrecadação de receitas, sendo que nenhuma despesa pode ser executada sem constar nestes instrumentos, conforme depreende-se da leitura dos artigos 165 e 166, da CF/88. Nos planos é possível identificar as diretrizes do governo, orientadas por uma visão estratégica capaz de conferir foco às principais demandas, respondendo a problemas entendidos como coletivamente relevantes. Demandas que deverão ser atendidas num determinado horizonte temporal. Os programas decorrem do plano, e consistem em um conjunto de ações denominadas de projetos, atividades, operações especiais e ações não orçamentárias (políticas), com objetivos preestabelecidos, visando à solução destes problemas demandados pela sociedade (BERNARDONI; CRUZ, 2010, p. 33-34).

> Art. 165. Leis de iniciativa do Poder Executivo estabelecerão:
> I - o plano plurianual;
> II - as diretrizes orçamentárias;
> III - os orçamentos anuais.
> Art. 166. Os projetos de lei relativos ao plano plurianual, às diretrizes orçamentárias, ao orçamento anual e aos créditos adicionais serão apreciados pelas duas Casas do Congresso Nacional, na forma do regimento comum. (BRASIL, 2015, p.123).

Desta forma, a Administração Pública se subordina aos ditames da lei, onde o princípio da legalidade em matéria orçamentária tem o mesmo fundamento do princípio da legalidade geral, previsto no artigo 37, *caput*, da CF/88 (SILVA, 2010, p.706). Qualquer ação governamental somente poderá ser realizada durante a execução orçamentária e de gestão se a política estiver contemplado na lei que institui o PPA, pois o nível de liberdade do governante é significativo, sob pena deste responder pelo ato ilegal (DAL BOSCO, 2008, p.309).

Os programas se constituem em instrumentos de organização de atuação governamental que visam à concretização dos objetivos pretendidos. E os programas de gestão são instrumentos que classificam um conjunto de ações destinadas ao apoio à gestão, e à manutenção da atuação governamental (RAASCH, 2015, p. 79-81). Em atenção a esta estrutura de planejamento governamental, o Tribunal gaúcho em decisão apontou que o governante tem a discricionariedade em atender as políticas prioritárias, mas desde que estas estejam devidamente programadas nos respectivos planejamentos orçamentários e de gestão, uma vez que são de caráter autorizativo e não impositivo.

> [...] A Lei Orçamentária, por ser de caráter autorizativo, e não impositivo, não gera direito subjetivo ao repasse do valor integral nela previsto, estando no âmbito do regular exercício do poder político do Executivo a adoção das políticas que sejam consideradas prioritárias no Município. (RIO GRANDE DO SUL. TJ, 2012).

Neste sistema de planejamento governamental – orçamentário e de gestão – a LDO, considerada o elo entre o PPA e a LOA, dita regras para o equilíbrio da receita e despesa para cada ano, além de dar mais transparência para o processo orçamentário, mantém caráter de orientação à elaboração da LOA, fornecendo diretrizes, instruções, e limites a serem cumpridos nas propostas anuais de execução orçamentária anual (BERNARDONI; CRUZ, 2010, p. 56-60).

O PPA de caráter obrigatório, estabelece as diretrizes, objetivos, metas, além do planejamento dos programas e ações que serão desenvolvidos pelo governo em um período de quatro anos, servindo como base para a elaboração da LDO e, na sequência, para a LOA, que operacionaliza o planejamento determinado pelo PPA, esmiuçando a aplicação para o período de um ano, além de definir o orçamento que será disponibilizado para a realização dos programas e ações previstos no PPA, segundo as diretrizes estabelecidas pela LDO, conforme infere-se dos parágrafos dos artigos 165 a 167 da CF/88 (SILVA, 2014, p.749-751).

> Art. 165 § 1º A lei que **instituir** o **plano plurianual** estabelecerá, de forma regionalizada, as diretrizes, objetivos e metas da administração pública federal para as despesas de capital e outras delas decorrentes e para as relativas aos programas de duração continuada.
> § 2º A **lei de diretrizes orçamentárias** compreenderá as metas e prioridades da administração pública federal, incluindo as despesas de capital para o exercício financeiro subseqüente, orientará a elaboração da lei orçamentária anual [...]
> § 5º A **lei orçamentária anual** compreenderá: [...]
> § 7º Os orçamentos previstos no § 5º, I e II, deste artigo, **compatibilizados** com o plano plurianual [...].
> § 8º A lei orçamentária anual n**ão conterá dispositivo estranho à previsão** da receita e à fixação da despesa [...].
> (BRASIL, 2015, p. 124, grifo nosso).

Tamanha é a vinculação, após tornarem-se leis, que propostas de emenda a LOA somente podem ser aprovadas se compatíveis com a LDO e o PPA. Assim, se as emendas se destinarem a modificar a LDO, só poderão ser aprovadas se compatíveis com o PPA (SILVA, 2014, p. 761). Portanto, a Constituição institui um moderno sistema integrado de planejamento governamental. E segundo Silva (2014, p. 751), não se trata de uma simples justaposição de planos, mas de uma vinculação permanente e contínua, que não admite interrupção, uma vez que os planos mais gerais abrangem os mais concretos, e a execução destes leva a materialização daqueles.

4.2 Caracterização Dos Municípios

O Rio Grande do Sul está divido em cinco mesorregiões[9], sendo a mesorregião Noroeste Rio-grandense constituída por 216 municípios, que em número de habitantes destacam-se, respectivamente, Passo Fundo, Erechim, Ijuí, Santo Ângelo, Santa Rosa e Cruz Alta. Parcela da população destes municípios, reside no meio urbano, e se concentra especialmente nas cidades polo, enfrentando vários problemas, alguns comuns aos grandes centros urbanos, e outros específicos de cidades localizadas em regiões distantes das capitais dos estados (PLANO..., 2012, p. 15-19).

Sua estrutura econômica é basicamente agrária, e possuí o maior índice de produto agrícola do estado, sendo que sua produção é baseada predominantemente na pequena e média propriedade, com perfil de produção tipicamente lavoureiro (trigo, soja e milho), contanto também com pecuária de pequenos animais (suínos e aves). O parque industrial desenvolvido nesta área do estado também é formado por pequenos, médios e grandes estabelecimentos vinculados à base agropecuária e disseminados por toda a região. A formação territorial mais importante dessa mesorregião é a aglomeração em torno do município de Passo Fundo, único município com mais de 200 mil habitantes, e da qual fazem parte também Erechim e Carazinho. Além desta formação aglomerativa, situa-se também nesta mesorregião um eixo formado por Panambi – Cruz Alta – Ijuí – Santo Ângelo – Santa Rosa e Horizontina que, não deixam de manter ligação econômica com a aglomeração econômica de Passo Fundo (MAMMARELLA, [2010?], p. 13).

Destaca-se ainda a existência de importantes instituições de ensino superior na mesorregião Noroeste Rio-grandense: a Universidade Regional do Noroeste do estado do Rio Grande do Sul – UNIJUÍ; a Universidade de Passo Fundo – UPF; a Universidade de Cruz Alta (as três com sede em cidades do mesmo nome); a Universidade Regional Integrada – URI, em Santo Ângelo; e, a Universidade Federal Fronteira Sul – UFFS, com campus em Cerro Largo, Erechim e Passo Fundo (MAMMAR-ELLA, [2010?], p. 13).

A seção seguinte, procura apresentar cada um dos municípios selecionados de forma individualizada retratando um pouco de suas características de formação política, histórica, geográfica e econômica. Mas, antes o quadro 04 proporciona ao leitor uma imediata e breve visão deste universo de pesquisa, apresentando alguns dados quantitativos destes municípios e Administrações Públicas que compõem parte da mesorregião Noroeste Rio-grandense.

Quadro 04: Dados dos municípios e Administrações Públicas

Dados referentes ao ano de 2014	Erechim	Ijuí	Santo Ângelo	Santa Rosa
Habitantes (Censo do IBGE de 2010)	96.087	78.915	76.275	68.587
PIB per capita em R$	40.207,07	31.196,41	23.799,94	32.364,57
Receita Realizada em R$	214.544 mil	282.740 mil	145.850 mil	238.081mil
Despesa empenhada em R$	195.784 mil	251.315 mil	131.614 mil	204.180 mil
FPM em R$	31.563 mil	29.459 mil	25.434 mil	27.354 mil
Servidores da Administração Direta	2.439	2.321	1.746	1.450
Servidores da Administração Indireta	04	135	0	400
Total de servidores/mil	2.443	2.456	1.746	1.850

Fonte: elaboração própria do autor.
Nota: Fonte dos dados – Site do Instituto Brasileiro de Geografia e Estatística – IBGE (IBGE, 2015, 2017).

4.2.1 Município de Erechim

O município de Erechim possui uma população de 96.087 mil pessoas, e uma área territorial em 2015 de 430,668 km², a densidade demográfica em 2010 era de 223,11 habitantes por km². Em 1970 o "Grande Erechim" era originariamente "habitat" de índios corolados, aos quais os Guaranis dos Sete Povos das Missões Orientais chamavam de "bugres" por considerá-los ferozes, nômades, hostis e irredutíveis à civilização jesuítica. Seus primeiros povoadores brancos foram, descendentes de bandeirantes. Firmaram-se, na terra, poucos posseiros que povoaram o território de clima temperado e pleno de riquezas naturais, encobertas pela floresta imensa e apreciáveis faixas de campo. Carlos Barbosa Gonçalves, presidente do estado, criou a Colônia Erechim, cujo topônimo, no dialeto Caigang (Coroado), quer dizer "Campo Pequeno". Em fevereiro de 1910 teve início a construção de casas da sede provisória denominada Povoado Erechim. O desenvolvimento da zona rural também se fez rapidamente. Até 1914, a sede inicial da Colônia Erechim foi o povoado que mais prosperou. Oito anos após a instalação, a Colônia Erechim estava em condições de aspirar à emancipação política e administrativa, desmembrando-se do território de Passo Fundo (IBGE, 2017).

4.2.2 Município de Ijuí

O município de Ijuí possui uma população 78.915 mil pessoas, e uma área territorial em 2015 de 689,387 km², a densidade demográfica em 2010 era de 114,51 habitantes por km². Fundada em 19 de outubro de 1890, a Colônia de Ijuhy recebeu imigrantes de várias nacionalidades. Em 1899, Ijuí teve grande impulso no seu desenvolvimento quando incentivado o assentamento de colonos com conhecimento em agricultura, principalmente das colônias mais antigas do RS. Ijuí é conhecido como "Terra das culturas diversificadas" por reunir variado grupo étnico: africanos, índios, portugueses, franceses, italianos, alemães, poloneses, austríacos, letos, holandeses, suecos, espanhóis, japoneses, russos, árabes, lituanos, ucranianos, entre outros. Ijuhy significa na língua guarani "Rio das Águas Claras" ou "Rio das Águas Divinas". Em 19 de outubro de 1890 é criada a Colônia de Ijuhy, elevada à categoria de município em 21 de janeiro de 1912 (IBGE, 2017).

4.2.3 Município de Santo Ângelo

O município de Santo Ângelo possui uma população de 76.275 mil pessoas, e uma área territorial em 2015 de 680,498 km², a densidade demográfica em 2010 era de 112,09 habitantes por km². Em 12 de agosto de 1706, foi fundado o Povoado de Santo Ângelo, entre os rios Ijuí-grande e Ijuizinho. No ano de 1707 foi o povoado mudado para o local em que ora se ergue a cidade de Santo Ângelo. O motivo da mudança prendeu-se à impropriedade do lugar, situado entre dois rios caudalosos. Era Santo Ângelo grande produtor de erva-mate e também o maior produtor de algodão. Distrito criado com a denominação de Santo Ângelo, e subordinado aos municípios de Santa Cruz e São Borja. Elevado à categoria de vila com a denominação de Santo Ângelo, sendo desmembrado de Santa Cruz e São Borja. Instalado em 31 de maio de 1874 (IBGE, 2017).

4.2.4 Município de Santa Rosa

O município de Santa Rosa possui uma população de 68.587 mil pessoas, e uma área territorial em 2015 de 489,798 km², a densidade demográfica em 2010 era de 140,03 habitantes por km². A região era originalmente habitada por indígenas do grupo Tapes e, com a chegada dos jesuítas e espanhóis, a partir de 1626, iniciou-se um sistema de redução para catequizá-los. Santa Rosa integrava o território dos Sete Povos das Missões, fundados pelos jesuítas. Em 1876, o município de Santo Ângelo foi subdividido e criado o distrito de Santa Rosa. Contudo, a efetiva colonização só ocorreu a partir de 1915, quando entrou em execução um vasto plano de loteamento de terras para assentar os nacionais que já habitavam a região. Assim estava fundada a Colônia 14 de Julho. Os primeiros povoadores foram os próprios funcionários do serviço de agrimensura. Mais tarde, ocorreu a colonização propriamente dita, quando afluíram descendentes de alemães e italianos, e outras etnias em menor escala. No dia 1º de julho de 1931, o general

José Antônio Flores da Cunha assinava o decreto de emancipação, elevando à categoria de município com a denominação de Santa Rosa, e sendo desmembrado de Santo Ângelo (IBGE, 2017).

4.3 Identificação E Codificação Dos Ppa, Ldo E Loa

O trabalho de coleta de dados junto às Administrações Públicas municipais teve início com a identificação das leis municipais instituidoras dos planos orçamentários e de gestão. O Apêndice A, apresenta o número das leis municipais que serviram de suporte fático para a pesquisa, e a identificação dos instrumentos de planejamento por meio de códigos, possibilitando ao leitor reconhecer a origem da intervenção de Política de Gestão Pública coletada.

Em todos os municípios foi possível identificar as leis, bem como coletar os dados nos anexos destas, com exceção do município de Santo Ângelo, onde não foi possível a coleta via o portal oficial da Administração, nem mesmo via contato por e-mail, conforme número de protocolos solicitando os referidos anexos destas leis. Assim, no município de Santo Ângelo não foi possível coletar dados referentes a LDO de 2012, 2016 e 2017, devido à ausência de seus anexos nas Leis municipais nº L.3.570/2011 (2012), L.4.020/2015 (2016), e L.4.097/2016 (2017).

Esta representação, por meio de códigos, possibilita identificar de qual instrumento orçamentário e de gestão a intervenção de Política de Gestão Pública foi coletada. São as seguintes representações: PPA → ● (círculo); LDO → ■ (quadrado); e LOA → ▲ (triângulo).

A unidade de registro utilizada foi o "tema" tratado pela intervenção de Política de Gestão Pública, identificada dentro da estrutura programática e de informações do programa, alocados dos PPAs, LDOs e LOAs, conforme o Manual técnico de orçamento de 2016 (MANUAL..., 2016, p. 34); e, tomando como critério para categorização os domínios de intervenção[10], assim organizados: Papel do Estado, arquitetura organizacional e de serviços administrativos; Ajuste fiscal, arrecadação e controle; Qualidade e transparência na prestação dos Serviços Públicos; e, Políticas de recursos humanos.

Posteriormente a identificação das leis que instituíram os planejamentos orçamentários e de gestão, foi possível com o mapeamento analisar as tendências entre os dois períodos de planejamento. E, em seguida, analisou-se as prioridades em Políticas de Gestão Pública em cada uma das Administrações Pública. Na sequência, já categorizadas, foi possível identificar a frequência e compreender qual a atenção dada as Políticas de Gestão Pública nestas Administrações. E, por fim, a análise do alinhamento entre os instrumentos – PPA, LDO e LOA – de planejamento orçamentário e gestão.

4.4 Mapeamento Das Intervenções De Políticas De Gestão Pública Nos Períodos De 2010 A 2013 E 2014 A 2017

Nesta seção, os dados primários coletados nos PPAs, LDOs e LOAs, durante os períodos de 2010 a 2013 e 2014 a 2017 são registrados e mapeados (ver Apêndice B), para que logo em seguida seja possível reconhecer quantitativamente qual a atenção dada as Políticas de Gestão Pública dentro de cada instrumento de orçamento e gestão pública, como também analisar as tendências entre os períodos dentro de cada Administração Pública.

Na tabela 01 é possível analisar, por meio do mapeamento realizado nos quatro municípios, o total de intervenções em domínios de Políticas de Gestão Pública ao longo dos dois períodos de planejamento governamental.

Tabela 01: Total de intervenções de PGP nos quatro domínios por município

Municípios/Períodos	Erechim	Ijuí	Santo Ângelo	Santa Rosa

1º 2010-2013	42	17	37	03
2º 2014-2017	60	07	19	02
Total de intervenções de PGP	102	24	56	05

Fonte: Elaborado pelo autor

4.4.1 Administração Pública municipal de Erechim

Neste primeiro período, que compreende os anos de 2010 a 2013, identifica-se na Administração de Erechim um planejamento por meio das trinta e três (33) intervenções em domínios de Políticas de Gestão Pública coletadas no PPA, e sessenta (60) nas quatro LDOs. É possível também, constatar que o município se propôs a executar na LOA cento e duas (102) intervenções com o propósito de cumprir com o planejado no PPA e na LDO. Assim, percebe-se que o governo de Erechim não só se preocupou em orientar e planejar os rumos da Administração, como também se propôs a executar em grande parte as políticas planejadas no PPA e LDOs.

Já, no segundo período, compreendido os anos de 2014 a 2017, identifica-se também um planejamento por meio das trinta e uma (31) intervenções em domínios de Políticas de Gestão Pública identificadas no PPA, e cento e quinze (115) nas quatro LDOs. É possível também, constatar que o município orçou oitenta e duas (82) das intervenções com o propósito de atingir o planejado no PPA e LDO. Assim, infere-se que a Administração de Erechim não só preocupou-se em orientar e planejar os rumos da Administração, como também se propôs a executar em grande parte as intervenções planejadas no PPA e LDOs, em que pese o número de intervenções mapeadas planejadas nas LDOs (115) superarem o número de intervenções que aparecem nas LOAs (82).

Ao analisar os dois períodos – 2010-2013 e 2014-2017 – que compõem o período de planejamento orçamentário e de gestão, na Administração de Erechim houve um significativo equilíbrio entre os PPAs, considerado as intervenções em domínios de políticas mapeadas nestes dois períodos, trinta e três (33) no 1º período e trinta e uma (31) no 2º período. Já na análise das intervenções apuradas nas LDOs é possível identificar um aumento significativo de sessenta (60) para cento e quinze (115) de um período para outro. E nas LOAs pode-se perceber um equilíbrio também, em que pese no segundo período ter havido uma pequena redução de cento e dois (102) para oitenta e duas (82) intervenções a serem executadas.

As intervenções identificadas não apontam para uma reprodução ao longo dos períodos, mas sim uma alternância de necessidades, com a manutenção de algumas, mas com uma contínua atenção a gestão pública ao identificar novas necessidades, e a proposição de políticas para suprí-las. Dados quantitativos que demostram uma atenção do governo municipal com a promoção de ações e medidas que criam ou viabilizam condições de gestão pública com o propósito de tornar a Administração proficiente e apta a garantir uma boa Administração Pública e um bom governo.

Foi na Administração de Erechim onde mais identificou-se intervenções em domínios de Políticas de Gestão Pública, totalizando cento e duas (102), somados os dois períodos que compõem o período de planejamento orçamentário e de gestão analisado. Aproximadamente o dobro do mapeado na segunda Administração com número mais expressivo, a Administração de Santo Ângelo com cinquenta e seis (56) intervenções.

4.4.2 Administração Pública municipal de Ijuí

No primeiro período, entre os anos de 2010 a 2013, na Administração de Ijuí identifica-se um planejamento por meio das oito (08) intervenções em domínios de Políticas de Gestão Pública apontadas no PPA, e vinte e seis (26) assinaladas nas quatro LDOs. É possível também, constatar por meio dos dados que o município orçou na LOA vinte e cinco (25) intervenções com o propósito de atingir o planejado no PPA e LDO. Assim, conclui-se que o governo de Ijuí não só se preocupou em orientar e planejar os rumos da Administração, como também se propôs a executar nas LOAs as políticas planejadas no PPA e LDOs.

No período subsequente, que compreende os anos de 2014 a 2017, identifica-se na Administração de Ijuí a manutenção de um planejamento por meio das sete (07) intervenções em domínios de Políticas de Gestão Pública identificadas no PPA, e vinte e quatro (24) identificadas nas quatro LDOs. É possível também, constatar que o município se propôs a executar vinte e oito (28) das intervenções com o compromisso de atingir o planejado no PPA e LDOs. Desta forma, se deduz que a Administração de Ijuí não só se preocupou em orientar e planejar os rumos da Administração, como também se propôs a executar em grande parte as intervenções em domínios de Políticas de Gestão Pública planejadas no PPA e LDOs, chamando a atenção ao fato de que neste segundo período a proposta de execução nas LOAs (28) superam o número de intervenções que aparecem nas LDOs (24).

Em análise as tendências ao longo dos dois períodos, constata-se a partir dos planejamentos orçamentário e de gestão que a Administração Pública do município de Ijuí é a que mais obteve um equilíbrio ou uma manutenção no número de políticas identificadas nos dois períodos, dado que não aponta para uma reprodução de políticas, mas sim uma alternância de necessidades ao longo dos períodos, com uma contínua atenção a gestão pública; com apenas uma redução de oito (08) para sete (07) nos PPAs; nas LDOs uma redução de vinte e seis (26) para vinte e quatro (24); e, um aumento de vinte e cinco (25) para vinte e oito (28) nas LOAs.

Resultado que denota uma priorização do governo, compreendendo as necessidades da Administração e promovendo ações e medidas instrumentais que criam ou viabilizam condições de gestão pública com o propósito de tornar a Administração Pública proficiente.

4.4.3 Administração Pública municipal de Santo Ângelo

No período entre os anos de 2010 a 2013 é possível apontar na Administração de Santo Ângelo um planejamento por meio das vinte e quatro (24) intervenções em domínios de Políticas de Gestão Pública identificadas no PPA, e cinquenta e uma (51) identificadas nas três LDOs. Constata-se também por meio dos dados que o município orçou vinte (20) das intervenções com o propósito de atingir o planejado no PPA e LDO. Desta forma, é possível aferir que o governo preocupou-se em orientar e planejar os rumos da administração, no entanto, não conseguiu orçar em grande parte as políticas planejadas no PPA e LDOs. Observa-se que neste período de 2010 a 2013 não foi possível apurar o planejado na LDO de 2012.

No segundo período, compreendido os anos de 2014 a 2017, a Administração de Santo Ângelo apresenta um planejamento por meio das doze (12) intervenções em domínios de Políticas de Gestão Pública identificadas no PPA, e dezesseis (16) identificadas nas duas LDOs. É possível também, constatar por meio dos dados mapeados que o município também orçou vinte e nove (29) das intervenções com o propósito de atingir o planejado no PPA e LDOs. Assim, é possível concluir que a Administração de Santo Ângelo não só se preocupou em orientar e planejar os rumos da administração, como também se propôs a executar em grande parte todas as políticas planejadas no PPA e LDOs, em que pese a ausência de dados de duas LDOs neste período (2016 e 2017).

Ao analisar a tendências nos dois períodos que compõem o período de planejamento orçamentário e de gestão, na Administração do município de Santo Ângelo houve uma significativa redução entre as intervenções em domínios de Políticas de Gestão Pública identificadas ao longo dos dois períodos nos PPAs, de vinte e quatro (24) para doze (12); e, nas LDOs essa análise fica prejudicada devido à ausência de dados; e, um aumento de vinte (20) para vinte e nove (29) nas políticas propostas a serem executadas nas LOAs.

Resultado este que pode apontar para um êxito no planejamento e execução de algumas propostas, uma vez que algumas desaparecem, e novas necessidades surgem no período seguinte, bem como, uma atenção do governo municipal com relação as necessidades da Administração, promovendo ações e medidas instrumentais que criam ou viabilizam condições de gestão pública com o propósito de melhorar a Administração Pública.

A Administração de Santo Ângelo teve aproximadamente a metade do número total de intervenções em domínios de Políticas de Gestão Pública (56) identificadas se comparado com a Administração de Erechim (102), mas possui o dobro do terceiro colocado, a Administração de Ijuí com vinte e quatro (24) intervenções, somados os dois períodos.

4.4.4 Administração Pública municipal de Santa Rosa

No primeiro período, que compreende os anos de 2010 a 2013, é possível identificar na Administração de Santa Rosa uma ausência de planejamento por meio da identificação de apenas uma (01) intervenção em domínios de Política de Gestão Pública no PPA, e oito (08) identificadas nas quatro LDOs. É possível também, constatar por meio dos dados que o município também orçou apenas quatro (04) das intervenções com o propósito de atingir o planejado no PPA e LDO.

Portanto, é possível constatar que a Administração de Santa Rosa não se preocupou em, por meio de intervenções em domínios de Políticas de Gestão Pública, orientar e planejar os rumos de sua Administração Pública, como também não se propôs a executar nas LOAs as poucas intervenções planejadas, uma vez que duas (02) das intervenções identificadas nas LDOs não aparecem nas respectivas LOAs. É relevante ressalvar que esta conclusão parte da análise e comparação dos dados mapeados nos PPAs, LDOs e LOAs.

No período entre os anos de 2014 a 2017, na Administração de Santa Rosa novamente se aponta uma ausência de planejamento – em que pese a Política não ser a mesma do período antecessor – por meio da identificação apenas uma (01) intervenção em domínios de Política de Gestão pública identificada no PPA, e quatro (04) identificadas nas quatro LDOs. É possível também, constatar por meio dos dados que o município também orçou cinco (05) das intervenções com o propósito de atingir o planejado no PPA e LDOs.

Em análise qualitativa e quantitativa às tendências identificadas no primeiro período na Administração de Santa Rosa, se percebe que as mesmas se repetem, inclusive com uma redução nas políticas neste segundo período nas LDOs. É na Administração de Santa Rosa onde menos foi possível identificar intevenções em domínios de Políticas de Gestão Pública, totalizando apenas cinco (05) intervenções, isso, somados os dois períodos que compõem o período de planejamento orçamentário e de gestão analisado.

Portanto, a partir dos dados coligidos, é possível concluir que o governo de Santa Rosa não tem se preocupado em orientar e planejar os rumos da Administração Pública por meio de Políticas de Gestão Pública, apresentando um planejamento amplo, impreciso e abstrato. Deixando de promover ações e medidas instrumentais que viabilizem condições de gestão pública, com o propósito de tornar a Administração proficiente e apta a cumprir com o seu mister de promover e garantir os direitos reconhecidos pelo Estado.

4.5 Análise Das Prioridades Em Políticas De Gestão Pública

Nesta seção, de posse dos dados coletados (ver Apêndice C), se analisa quantitativamente as prioridades em domínios de Políticas de Gestão Pública em cada Administração Pública, conforme a categorização adotada, sendo possível observar, conforme a tabela 02, uma maior atenção dos municípios às políticas no domínio correspondente a recursos humanos, com exceção do município de Ijuí que priorizou as referentes ao papel do Estado, arquitetura organizacional e de serviços administrativos.

Tabela 02: Intervenções em domínios de PGP por município

Domínios/ Municípios	Papel do Estado, arquitetura organizacional e de serviços administrativos	Ajuste fiscal, arrecadação e controle	Qualidade e transparência na prestação dos serviços públicos	Política de Recursos humanos
Erechim	27	11	19	32
Ijuí	11	05	03	05
Santo Ângelo	13	06	10	20
Santa Rosa	01	00	01	04

Fonte: Elaborado pelo autor

4.5.1 Administração Pública municipal de Erechim

Em análise as Políticas de Gestão Pública propostas pela Administração Erechim é possível constatar que são trinta e duas (32) intervenções em domínios de Políticas de recursos humanos refletindo uma maior atenção por parte dos gestores públicos neste domínio. Em segundo lugar, com vinte e sete (27) intervenções, as direcionadas para o papel do Estado, arquitetura organizacional e de serviços administrativos, seguido de dezenove (19) intervenções que atentem a qualidade e transparência na prestação dos serviços públicos, e por fim, as Políticas de ajuste fiscal, arrecadação e controle totalizando onze (11) intervenções identificadas.

A partir desta constatação se percebe uma maior atenção a intervenções em domínios de Políticas direcionadas a atender a necessidade de qualificar e capacitar os recursos humanos da Administração Pública do município, bem como a prestar melhores serviços públicos a população com uma preocupação direcionada a qualidade e transparência dos serviços públicos, dentre outras como estas que se destaca: valorizar e identificar talentos internos; desenvolver capacidades de adaptação a mudanças organizacionais; aprimorar a criatividade dos líderes, buscando soluções inovadoras; trabalho em equipe; implementar uma política democrática de gestão de pessoas que dignifique o servidor e aprimore a qualidade dos serviços prestados; manutenção de uma política de valorização do servidor e de segurança preventiva no trabalho; e, desenvolver atividades sociais, de lazer, esporte, e recreação visando a motivação e integração entre os servidores.

4.5.2 Administração Pública municipal de Ijuí

Em observação as Políticas de Gestão Pública propostas pela Administração de Ijuí, foi possível constatar que o destaque são as onze (11) intervenções de Políticas no domínio de papel do Estado, arquitetura organizacional e de serviços administrativos, que refletem uma maior atenção por parte dos gestores públicos a este domínio. Em seguida, empatado, com cinco (05) intervenções respectivamente cada, o domínio que privilegia as Políticas de recursos humanos; e, de ajuste fiscal, arrecadação e controle. E, com três (03) intervenções o domínio relacionado a qualidade e transparência na prestação dos serviços públicos.

Assim, se percebe uma maior atenção do governo com políticas direcionadas a atender necessidades relacionadas ao papel do Estado, sua arquitetura organizacional e de serviços administrativos, o que poderá resultar numa Administração Pública mais bem estruturada e organizada em suas competências. São algumas das intervenções que se destacaram neste domínio na Administração de Ijuí: modernização da gestão pública; reforma Administrativa (no sentido de implementar mudanças gerenciais); e, organizar e manter a administração, visando agilizar e dinamizar os serviços prestados.

Destaque deve ser feito ao município de Ijuí, por ser a única Administração Pública a prever em seu planejamento governamental uma atenção a "reforma administrativa". Outra política que se destaca, mas em domínio diferente (recursos humanos), mas que tem relação também com a atenção prioritária dada pelo município de Ijuí as políticas que se preocupam com a arquitetura organizacional e de serviços, é com relação a qualificação da gestão pública municipal, promovendo a ambientação, humanização e capacitação dos servidores na busca pela eficiência e eficácia da gestão pública com uma melhora da qualidade dos serviços prestados à população.

4.5.3 Administração Pública municipal de Santo Ângelo

Nas Políticas de Gestão Pública mapeadas na Administração de Santo Ângelo foi possível apurar que vinte (20) intervenções são no domínio de Políticas de Gestão Pública de recursos humanos, assim, refletindo uma maior atenção por parte dos gestores públicos com relação a qualificação, capacitação e valorização dos servidores públicos. Em segundo lugar, com treze (13) intervenções, as direcionadas para o papel do Estado, arquitetura organizacional e de serviços administrativos; seguido de dez (10) intervenções que atentam a qualidade e transparência na prestação dos serviços públicos. E ao final, as Políticas de ajuste fiscal, arrecadação e controle com seis (06) intervenções identificadas.

Portanto, seguindo a tendência já identificada nas demais Administrações, as políticas direcionadas a atender a necessidade de qualificar e capacitar os recursos humanos da administração municipal, tiveram prioridade no governo de Santo Ângelo, podendo resultar em melhores serviços públicos à população, como estas intervenções que se destacam: manter uma política de aproximação cada vez maior com o servidor, buscando a satisfação pessoal e funcional, mediante a manutenção do pagamento dos salários em dia, envidando esforços no sentido de restringir ao máximo possível a sua perda do poder aquisitivo; e criando dispositivos incentivadores capazes de despertar gosto maior em laborar na edificação da causa e administração pública, oportunizando aos servidores a possibilidade de melhor organizarem seus compromissos laborais e particulares sem perder de vista a busca incessante da modernização administrativa; incentivo ao crescimento intelectual, devido ao crescente número de cancelamento/trancamento de matrícula por servidores universitários ante a elevação das mensalidades e o aviltamento do poder aquisitivo, gerando frustração quando tolido em seu projeto de elevação do intelecto; e criando mecanismos que incentivem e possibilitem o servidor ingressar, retornar ou manter-se estudando e motivado; e, levantamento situacional do perfil intelectual dos servidores para que sirva de direcionamento para tomada de decisões.

4.5.4 Administração Pública municipal de Santa Rosa

Em estudo as Políticas de Gestão Pública propostas pela Administração de Santa Rosa foi possível constatar que são apenas dois (02) os domínios que possuem atenção da Administração Pública. Em primeiro lugar, as Políticas de recursos humanos, com quatro (04) intervenções, o que reflete uma maior atenção por parte dos gestores públicos neste domínio. Em segundo lugar, com apenas uma (01) intervenção, as direcionadas para o papel do Estado, arquitetura organizacional e de serviços administrativos; e, seguido de uma (01) intervenção no domínio de qualidade e transparência na prestação dos serviços públicos.

Não são identificadas na Administração de Santa Rosa, durante os dois períodos, intervenções de Políticas de Gestão Pública nos domínios correspondentes a ajuste fiscal, arrecadação e controle.

Com suporte nestes dados, retirados dos planejamentos orçamentários e de gestão, se percebe uma maior atenção a políticas direcionadas a atender a qualificação e capacitação dos recursos humanos da Administração Pública, bem como uma ausência de políticas nos demais domínios, direcionando para intervenções amplas e imprecisas, podendo favorecer uma desrazoada e desbalizada discricionariedade do gestor. Como também reflete a ausência de planejamento e gestão da Administração Pública, frente as necessidades não identificadas pelos governos e as propostas de solução para qualificar a gestão pública do município.

As intervenções identificadas na Administração de Santa Rosa são as seguintes: qualificação e modernização serviços públicos; modernização do plano de cargos e carreira do servidor municipal; desenvolver ações que visem despesas com atividades de apoio administrativos de todos os órgãos da administração municipal; garantir melhor qualidade ao gasto público otimizando as tarefas executivas pelo aparato de apoio administrativo; assegurar a manutenção dos serviços administrativos, bem como o desenvolvimento da capacitação técnica dos servidores e agentes públicos; proteção e benefícios ao trabalhador; e, incentivo a qualificação e crescimento intelectual.

Portanto, ao final desta seção, depreende-se do cotejamento com o referencial teórico de que as Políticas de Gestão Pública merecem atenção e um protagonismo pois promovem ações e medidas instrumentais que viabilizem condições de gestão, tornando Administração Pública proficiente e apta a garantir uma boa Administração Pública e um bom Governo. Ainda, infere-se que deve haver um balizamento do poder discricionário do gestor ao optar por qual política instituir ou reconhecer como prioridade. Não pode a discricionariedade ampla e sem limites violar a subordinação aos preceitos constitucionais, sob pena do gestor responder pela ilegalidade.

4.6 Frequência E Compreensão Das Políticas De Gestão Pública

Como pode-se confirmar na literatura existente sobre o tema, o Estado democrático de Direito tem o dever de prover o direito fundamental à boa Administração Pública proficiente, cumpridora de seus deveres, com transparência, sustentabilidade, motivação proporcional, imparcialidade e respeito à moralidade, à participação social e à plena responsabilidade por suas condutas omissivas e comissivas.

Nesta seção, os dados primários coletados nos PPAs, LDOs e LOAS, durante os períodos de 2010 a 2013 e 2014 a 2017 registrados e mapeados, agora categorizados (ver Apêndice D) são analisados qualitativamente com a intenção de compreender as Políticas de Gestão Pública que os municípios têm instituído com o propósito de promover ações e medidas instrumentais que viabilizem condições para tornar a Administração proficiente.

Ao total dos dois períodos de planejamento orçamentário e de gestão nas quatro Administrações Públicas municipais foram identificadas 167 intervenções de Políticas de Gestão, categorizadas em quatro domínios, conforme é possível constatar na tabela 03 e na análise que segue.

Tabela 03: Total de intervenções de PGP por domínios, somados os quatro municípios

Papel do Estado, arquitetura organizacional e de serviços administrativos	Ajuste fiscal, arrecadação e controle	Qualidade e transparência na prestação dos serviços públicos	Política de Recursos humanos	Total de intervenções de PGP
56	20	31	60	167

Fonte: Elaborado pelo autor
Nota: As intervenções que se repetem não são consideradas para fins de contabilização total das intervenções de PGP

4.6.1 Papel do Estado, arquitetura organizacional e de serviços administrativos

A partir das políticas coletadas, no domínio de Políticas de Gestão Pública que compreendem o papel do Estado, arquitetura organizacional e de serviços administrativos é possível apontar uma atenção especial voltada para intervenções direcionadas à arquitetura organizacional, dando ênfase à modernização e qualificação da infraestrutura, representando quase a metade das intervenções neste domínio.

Outro aspecto que merece destaque é a preocupação com o papel do Estado, com relação eficiência dos serviços administrativos, inclusive com a agilidade, qualidade e redução de custos, de onde emerge também a necessidade de alternativas inovadoras e modernas que possam conduzir a Administração Pública para a qualidade e eficiência, conforme artigo 37, *caput,* da CF/88.

O planejamento, planos de ação e práticas de gestão também aparecem com atenção especial, inclusive com relação ao monitoramento, e avaliação de resultados, sugerindo o aparecimento de uma configuração de Administração gerencial. Por fim, é possível reconhecer uma preocupação com a segurança jurídica dos atos administrativos, bem como a referência para o zelo com a legalidade e os princípios constitucionais.

Estas intervenções de Políticas de Gestão localizadas neste domínio possuem relação estreita com o princípio da eficiência da Administração, em atenção também ao princípio da legalidade. Outro aspecto que se destaca é a identificação, em duas intervenções, da preocupação com a implementação de "reformas administrativas" na estrutura de gestão. Não é possível identificar como se realizariam essas "reformas", mas representam uma preocupação com a melhoria, e por meio de políticas, e não meras aventuras revolucionárias reformistas. Significando também uma ênfase no planejamento, que pode direcionar para uma Administração proficiente, capaz e comprometida.

Essa preocupação com a modernização, programas de qualidade, desenvolvimento, reaparelhamento e racionalização do serviço público tem como fundamento legal o artigo 39, §7º, CF/88, que dispõe que a economia com despesas correntes podem ser aplicados nestas áreas, estimulando o governante a planejar políticas de gestão que reduzam e otimizem os recursos, e sejam revertidas em proveito próprio da Administração Pública.

Neste domínio, a nível municipal, não foi possível identificar intervenções em domínios de políticas regulatórias. São algumas das intervenções que se destacam: reforma administrativa; programa de modernização administrativa; promover o apoio a ação governamental, agilizando a tomada de decisões políticas e administrativas; modernizar administração oferecendo melhores condições de trabalho aos servidores tendo como consequência melhoria na eficiência e qualidade trabalhos; promoção de um ambiente de segurança jurídica aos atos do município; modernizar e estruturar o sistema de planejamento governamental focado na melhoria dos processos de elaboração, controle, acompanhamento e avaliação de programas, visando a promoção de um serviço público ágil, transparente e comprometido com os resultados, com foco no cidadão; realizar o planejamento estratégico governamental, fortalecendo e enraizando a cultura do planejamento, da avaliação, além de criar e manter um sistema de informações estratégicas e gerais sobre o município; desenvolver planos de ação do plano de aperfeiçoamento de gestão – PASG.

4.6.2 Ajuste fiscal, arrecadação e controle

No domínio que compreende as Políticas de Gestão Pública na área de ajuste fiscal, arrecadação e controle é possível ressaltar uma atenção dada para os processos de planejamento de execução orçamentário-financeira e gestão, por meio da qualificação e modernização da administração fazendária e de suas informações, bem como, na melhora das rotinas administrativas por meio da utilização de ferramentas eficazes e modernas. Ainda, é possível reconhecer políticas preocupadas com ajuste fiscal e arrecadação, como na implantação de sistemas tributários eletrônicos que aprimorem e incrementem os mecanismos de cobrança, maximizando a percepção do risco de inadimplemento, e otimizando a consistência das obrigações tributárias; e, ainda, um cuidado com o aumento na eficiência da cobrança da dívida ativa, por meio da ação de grupos de fiscalização, e o equilíbrio fiscal por meio da gestão para resultados.

Também identifica-se a atenção com controles e auditoria do gasto público, a partir de uma gestão tributária que racionaliza e mantém o equilíbrio das contas públicas, e democraticamente permite a participação social de forma transparente. Ainda, intervenções que prevem um apoio ao controle interno em sua missão de exercer a fiscalização contábil, financeira, orçamentário, operacional e patrimonial da entidade, quanto aos aspectos da legalidade, legitimidade, publicidade, economicidade, impessoalidade, moralidade, eficiência e eficácia, auxiliando na organização e implantação de controles que possibilitem o acompanhamento de obras e serviços públicos.

O PPA, LDO e LOA também são alvo de intervenções em domínios de Políticas de Gestão Pública atentas a maior efetividade e desempenho destas ferramentas de planejamento financeiro e de gestão, como quando da referência ao aperfeiçoamento do processo de avaliação do PPA de modo a conferir maior efetividade ao período de gestão; ou, do acompanhamento, avaliação, monitoramento das ações e resultados previstos em cada ano conforme o PPA, LDO e LOA; e, a consolidação destas ferramentas garantindo um dinamismo ao período de gestão.

Também se destaca como intervenção presente no município de Erechim, a preocupação com a Implantação de programas de educação fiscal a fim de sensibilizar a população para a função socioeconômica do tributo, da importância da emissão de documentos fiscais, visando incentivar a sociedade a acompanhar a aplicação dos recursos.

4.6.3 Qualidade e transparência na prestação dos serviços públicos

A partir dos dados coletados, neste domínio, é possível apontar atenção especial para a qualificação dos serviços públicos, prestados com agilidade, dinâmica e eficiência. Bem como para um aperfeiçoando, aumento da produtividade e redução de custos. Assim, prestando um serviço público de qualidade ao cidadão, por meio de uma Administração proficiente e proba.

Outra preocupação é com a divulgação, transparência e publicização dos atos administrativos. A transparência que é corroborada pelo princípio da publicidade, pode ser identificada na abertura das portas do "Castelo Kafkaniano", por meio das políticas que direcionam para a divulgação de atos e fatos da administração municipal, por meio de portais na internet, inclusive com a justificativa de redução de gastos com impressões.

Destaque também para a proposta de Erechim de "Planejar políticas que direcionam para o planejamento, implantação de diretrizes de políticas públicas que contemplem todas as áreas, possibilitando assim, uma gestão de qualidade, melhoria e agilidade nos atendimentos à população, administrando, organizando, executando e controlando os serviços".

São apresentadas também intervenções que procuram promover a qualidade, como programas de qualidade que visam a melhoria permanente das práticas de gestão objetivando a satisfação da comunidade. Além da criação do site da prefeitura, dando total transparência para a gestão pública municipal. É possível observar com relação as regras de licitação, contratação e governo eletrônico, políticas que apontam para a conveniência de se implantar um sistema de compras através de portais de compras para realizar pregões, implementando processos de dispensa de licitação. Como também portais de compras dando oportunidade a mais fornecedores se habilitarem, desvinculando o contato direto do comprador com o fornecedor e estabelecendo uma relação impessoal e mais profissional.

4.6.4 Política de Recursos humanos

A partir das intervenções de Políticas de Gestão Pública exibidas neste domínio permitiu-se identificar uma atenção especial com a capacitação, qualificação, valorização e proteção do servidor público. Corroborando o zelo do Constituinte ao reconhecer a qualificação e capacitação dos servidores, e a promoção de seu desenvolvimento e aperfeiçoamento para que desempenhem suas atividades com qualidade e eficiência.

Foi neste domínio que se identificou a maior quantidade de intervenções, resultando num total de sessenta (60), seguido de cinquenta e seis (56) intervenções em domínios de políticas no domínio do Papel do Estado, arquitetura organizacional e serviços administrativos, após trinta e uma (31) intervenções que direcionam para a qualidade e transparência na prestação dos serviços públicos, e por fim, com vinte (20) intervenções, aquelas que se propõem ao ajuste fiscal, arrecadação e controle.

A partir deste mapeamento, constata-se que o domínio com maior prudência dos municípios é com relação ao cumprimento dos preceitos constitucionais de que a Administração Pública deve atender aos fins do Estado, além de prestar serviços com qualidade e eficiência, e atender ao direito fundamental de uma boa Administração Pública e de um bom governo. Domínio que concentra as políticas de recursos humanos, direcionadas prioritariamente para melhorias no ambiente de trabalho, no clima organizacional, na disponibilização de portais de acesso de seus dados ao servidor, bem como na realização de novos concursos públicos para suprir a necessidade de pessoal.

Também merecem atenção as intervenções que apontam para a necessidade de modernização do plano de cargos e carreira dos servidores; recuperação salarial; valorização e identificação de talentos internos para melhor aproveitamento de suas capacidades; desenvolvimento da capacidade de adaptação perante as mudanças organizacionais; aprimoramento da criatividade de líderes, buscando soluções inovadoras; desenvolvimento de habilidades interpessoais, e trabalho em equipe; e, promoção da qualidade de vida dos servidores públicos.

Ainda, evidenciam-se as intervenções que direcionam para realização de levantamentos situacionais do perfil intelectual dos servidores, contribuindo para o direcionamento da tomada de decisões; políticas de incentivos inserindo na legislação dispositivo que garanta benefícios aos que busquem o aprimoramento intelectual, assim, motivando o servidor aos estudos.

Destaque merecem as seguintes intervenções: Promover a ambientação, humanização e capacitação dos servidores na busca da eficiência e eficácia da gestão pública com uma melhora da qualidade dos serviços prestados à população; manter uma política de aproximação cada vez maior para com os servidores, buscando a satisfação pessoal e funcional, mediante a manutenção do pagamento dos salários em dia, envidando esforços no sentido de restringir ao máximo possível a sua perda do poder aquisitivo; criar dispositivos incentivadores capazes de despertar gosto maior em laborar na edificação da causa e administração pública, oportunizando aos servidores a possibilidade de melhor organizarem seus compromissos laborais e particulares sem perder de vista a busca incessante da modernização administrativa; implementar uma política democrática de gestão de pessoas que dignifique o servidor e aprimore a qualidade de serviços prestados ao cidadão; desenvolver atividades sociais, de lazer, esporte e recreação, visando incentivar os servidores e promover a integração; criação de novo plano de carreira, por meio de um projeto moderno e eficiente de gestão, baseado em critérios de meritocracia, qualificação e assiduidade.

4.7 Análise Do Alinhamento Das Intervenções De Políticas De Gestão Pública

Com base no quadro de coleta exibido no apêndice E, analisam-se o alinhamento das intervenções em domínios de Políticas de Gestão Pública das Administrações Públicas dos municípios de Erechim, Ijuí, Santo Ângelo e Santa Rosa, ao longo do planejamento orçamentário e de gestão. Análise que tem como propósito compreender se as políticas instituídas, idealizadas ou planejadas pelos governos nos PPAs e LDOs, alinham-se com a proposta de execução orçamentária das LOAs.

A partir dessa compreensão será possível identificar se os governos ao proporem a execução nas LOAs têm-se preocupado com a compatibilização ao planejado ou simplesmente de forma discricionária, sem planejamento e ao arrepio da lei e dos princípios constitucionais, tem proposto ações em suas propostas de execução orçamentária e de gestão.

Como identificado na literatura sobre o tema, a Administração Pública e o governo devem balizar-se pelos princípios constitucionais da legalidade, impessoalidade, moralidade, publicidade, eficiência e qualidade na prestação dos serviços públicos à sociedade, com o propósito de assegurar ao administrado o direito à boa Administração e a um bom governo.

Portanto, a partir desta concepção de que o governante ao propor intervenções e ações está adstrito – vinculado – ao proposto e/ou planejado no PPA e na LDO – orientado pelos preceitos constitucionais – identifica-se o alinhamento ou a compatibilização destas intervenções entre os instrumentos, uma vez que, não é possível que as propostas de execução apresentada na LOA destoem do planejado no PPA e na LDO, bem como das disposições constitucionais, sob pena do governante incorrer em ilegalidade. Os resultados identificados com relação ao alinhamento entre os instrumentos de planejamento governamental ao longo dos dois períodos orçamentários e de gestão pública, são antecipados no quadro 05.

Quadro 05: Alinhamento entre os instrumentos (PPA, LDO e LOA) por município

Ano/Município	2010	2011	2012	2013	2014	2015	2016	2017
Erechim	→	▌	▌	▌	→	→	→	→
Ijui	→	→	→	→	→	→	→	→
Santo Ângelo	▌	▌	●	→	→	→	●	●
Santa Rosa	→	→	→	→	→	→	→	→
Legenda	Alinhamento (→) Ausência de alinhamento (▌) Ausente LDO (●)							

Fonte: Elaborado pelo autor

4.7.1 Administração Pública municipal de Erechim

Inicialmente, em análise ao primeiro período que compreende os anos de 2010 a 2013, no ano de 2010, na Administração de Erechim é possível identificar um alinhamento entre o planejamento apresentado no PPA e LDO com a proposta de execução orçamentária apresentada na LOA. No entanto, constata-se que algumas das políticas planejadas não foram contempladas na LOA do corrente ano de 2010. Um exemplo é a proposta de intervenção para suprir a necessidade de pessoal que aparece no PPA e LDO, mas não é identificada na LOA como proposta de execução. Outro exemplo é a não identificação da "criação do site da prefeitura" previsto no PPA e LDO.

É possível identificar na LOA de 2010 uma atenção especial à implantação do serviço de medicina e segurança no trabalho, que não aparece explicitamente como intervenção planejada no PPA e LDO, mas que é passível de enquadramento dentro da proposta genérica "formular políticas e diretrizes para a administração de RH".

No ano seguinte, em 2011, identifica-se uma ausência de alinhamento entre o planejamento do PPA e LDO com a LOA. Uma vez que, a LDO deveria apresentar as diretrizes para a LOA, o que não ocorre. Comparando, muitas das intervenções formuladas na LDO de 2010, não aparecem na LDO de 2011, o que direciona para um aparente enxugamento de políticas. O mesmo não ocorre com a LOA, que reproduz as propostas de execução do ano anterior, sem alinhar-se a LDO de 2011 que está enxuta.

Em relação ao PPA, LDOs e LOAs é possível identificar uma repetição na íntegra, ao longo dos anos de 2012 e 2013 das políticas projetadas em 2011. Constatação que leva a conclusão de que houve um planejamento de intervenções e ações, mas que ao repetirem-se ano após ano, apontam a ausência de execução das proposições, no sentido de concretizar os projetos idealizados ao longo do PPA e LDO, ou ainda, a uma mera reprodução de peças de planejamento orçamentário e de gestão com o propósito de cumprir apenas com as disposições legais e burocráticas.

No período seguinte, no ano de 2014, já ao abrigo de um novo PPA, identifica-se um alinhamento entre o planejamento do PPA, LDO e LOA. É perceptível um avanço na exposição das políticas no PPA, se comparado ao período anterior (2010-2013). As políticas se apresentam mais organizadas em temas, e o termo "políticas públicas" desponta neste PPA em referência à necessidade de "Desenvolver políticas públicas orientadas à gestão dos servidores, dando ênfase a estratégias de recrutamento, formação continuada, democratização das relações de trabalho, aperfeiçoamento de ferramentas e processos de fomento da saúde e da qualidade de vida no trabalho, conferindo à valorização dos agentes públicos o papel de principal vetor de aprimoramento da prestação de serviços". Sob o resguardo deste plano fica evidenciado claramente a existência de Políticas de Gestão Pública; nesta intervenção conferindo efetividade ao domínio das políticas de recursos humanos.

São detectados poucos itens reproduzidos do PPA anterior (2010-2013), caracterizando uma remodelação, e um possível direcionamento na percepção das necessidades e no planejamento, bem como nas propostas de execução orçamentária e de gestão. Ao contrário do que se observou no período anterior, em referência a 2012 e 2013, onde se identificou uma mera reprodução de intervenções e ações políticas, bem como de propostas de execução orçamentárias.

Algumas intervenções identificadas nesta LDO de 2014 não aparecem nas seguintes, apontando para um suposto atingimento das necessidades assinaladas no planejamento proposto no corrente ano, como as que sugerem: "Aperfeiçoamento do processo de avaliação do PPA de modo a conferir maior efetividade ao período de gestão", que não mais aparecem nas LDOs seguintes 2015, 2016 e 2017; a "Manutenção de uma política de segurança no trabalho preventiva, reduzindo o número de acidentes bem como os demais sinistros que ocorrem nos locais de trabalho"; e, a "Contratação de empresa especializada para garantir o assessoramento na elaboração dos laudos de periculosidade, insalubridade nos ambientes de trabalho dos servidores" que não aparecem nas LDOs de 2016 e 2017.

Duas propostas de execução têm destaque na LOA de 2014, e que não aparecem explicitamente como propostas de intervenção no PPA ou LDO, mas fazem parte da proposta de aprimoramento da Administração Pública, são elas: "Promover ações conjuntamente com os demais órgãos municipais, visando a apuração e a solução das questões relativas a Administração"; e, "Manter comunicação eficaz, renovadora, crítica e construtiva com todos os seguimentos e instituições".

Outro ponto que merece atenção é com relação a informatização e modernização dos serviços públicos. O PPA e LDO de 2014 apresentam intervenções direcionadas a estas áreas, mas a LOA de 2014 apresenta como proposta de execução apenas a "Integração dos sistemas modernizando e interligando (Voip)", e "Digitalização de documentos", ou seja, são apresentados nove (09) propostas de intervenção no PPA e LDO de 2014, mas apenas duas (02) ações tem proposição orçamentária no corrente ano.

Já em 2015 também é possível identificar um alinhamento entre o planejamento do PPA, LDO e LOA. Com a retirada de algumas intervenções e o surgimento de novas, fato este que não acontecia no período anterior (2010-2013). Elementos que caracterizam um acompanhamento e avaliação das propostas, por meio da identificação de novas necessidades, e um provável atingimento das necessidades assinaladas no planejamento anterior. E que apontam para a importância das Políticas de Gestão Pública, uma vez que tem servido de orientação para promoção de ações e medidas instrumentais que tem viabilizado condições de gestão pública, como denota-se das intervenções identificadas nesta LDO: "Acompanhar e avaliar as ações previstas para cada ano vigente do governo, conforme plano plurianual"; "Monitorar a execução das ações e resultados propostos nas peças orçamentárias anuais"; e, "Realizar/desenvolver ações e estratégias referentes a melhoria do clima organizacional".

Esta preocupação com a Gestão se mantém, vislumbrada nas propostas de intervenção de "Aperfeiçoamento do processo de avaliação do PPA de modo a conferir maior efetividade ao ciclo de gestão" que saem da LDO deste ano, e dão lugar à necessidade de "Consolidar a LDO e a LOA conforme planejamento feito no PPA para garantir dinamismo ao ciclo de gestão do período". Importante valor é dado pela LOA de 2015 às intervenções em domínios de políticas de recursos humanos, em especial a proposta de implementar um "Programa de aprimoramento técnico-profissional, visando habilitação profissional, aos servidores matriculados em cursos nível superior".

No ano de 2016 também se identifica um alinhamento entre o planejamento do PPA e LDO, e a proposta de execução da LOA. Com um perceptível avanço e preocupação com os instrumentos de planejamento orçamentário e de gestão, como quando identificado na LDO 2014 o "aperfeiçoamento"; e, na LDO de 2015 a "consolidação"; agora, na LDO 2016 a preocupação é para "Efetivar e consagrar o projeto de monitoramento das ações prioritárias de governo". Ainda na LDO de 2016 algumas intervenções direcionam para uma melhoria no clima organizacional; agilidade na prestação dos serviços; criação do plano de carreira e qualificação dos servidores públicos. Mas não são propostas contemplas na LOA de 2016 que repete a proposta de execução do ano anterior.

No último ano do período de 2014-2017, é novamente possível identificar um alinhamento entre o planejamento do PPA, LDO e a LOA, configurando uma compatibilização entre os instrumentos de planejamento. As intervenções previstas na LDO de 2016 se repetem nesta LDO, com uma contínua atenção as políticas de recursos humanos, mas incrementando com propostas de intervenções na segurança preventiva do trabalho, e o aperfeiçoamento dos serviços ao cidadão, elencando as obrigações e necessidades do cotidiano dos servidores e as rotinas diárias. Neste ano, é previsto a implementação do plano de carreira dos servidores conjecturado nas últimas duas LDOs.

A LOA de 2017 alinhada ao PPA e a LDO, apresenta como proposta de execução a atenção a saúde dos servidores prevendo ações de segurança e medicina no trabalho e, confirma a diretriz da LDO, para a implantação do novo plano de carreira por meio de projeto moderno e eficiente, baseado em critérios de meritocracia, qualificação e assiduidade.

4.7.2 Administração Pública municipal de Ijuí

Nos quatro anos do período de 2010-2013, na Administração de Ijuí identifica-se um alinhamento entre o planejamento do PPA, LDO e LOA. A preocupação do período é com a modernização da Administração Pública e com a qualificação e capacitação dos servidores.

O PPA, a LDO de 2011 e a LOA de 2010, fazem referência a uma "reforma administrativa" que não apresenta sequência nos demais instrumentos, e nem mesmo é passível de compreensão de qual seria a proposta a ser concretizada com esta intervenção. Porém, deixa evidente uma falta de alinhamento ao não aparecer como diretriz na LDO de 2010, aparecer na LOA de 2010, aparecer na LDO de 2011 e não ser proposta de execução na LOA de 2011.

Observa-se uma repetição das propostas de execução nas LOAs seguintes, com a ressalva dos anos de 2012 e 2013, em que não aparece a implantação do georeferenciamento, previsto no ano de 2011 tanto na LDO quanto na LOA, supondo-se a concretização da implantação. Mas que estranhamente novamente reaparece na LDO de 2013 como proposta de implantação. Já na LDO de 2014 a proposta de georeferenciamento aparece como qualificação, supondo-se de que a implantação foi efetivada pela proposta de execução orçamentária e de gestão de 2011.

Em 2013 surge como proposta de execução na LOA a necessidade de "Instalar e implementar uma rede híbrida para a interligação de órgãos e instituições de diversos níveis de governo e organização públicas locais", não prevista na LDO, e que reaparece na LDO e LOA do ano de 2014, que compreende já o segundo período de 2014 a 2017. O que denota a compreensão de uma necessidade destacada na LOA de 2013, mas não planejada, e que somente no ano seguinte surge como diretriz e proposta de execução.

No ano de 2014 se identifica um alinhamento entre o

PPA, LDO e LOA. Porém, em que pese este alinhamento, no PPA, LDOs e LOAs dos anos de 2015, 2016 e 2017 as intervenções em domínios de Políticas de Gestão Pública quase que em sua íntegra repetem as identificadas em 2014. Constatação que leva a conclusão de que se trata de um planejamento de proposições de intervenções e ações em diferentes domínios, mas que ao repetirem-se ano após ano, apontam para a ausência da execução destas pela Administração no sentido de concretizar as propostas idealizadas ao longo do PPA e LDO, ou ainda, uma mera reprodução de peças de planejamento orçamentário e de gestão com o propósito de cumprir apenas com as disposições legais e burocráticas.

Destaque é dado as LOAs de 2016 e 2017 que não apontam mais necessidade de "qualificação do georeferenciamento" previstas em períodos anteriores como na LDO de 2014, 2015 e 2016, e na LOA de 2014 e 2015. Supondo-se que a implantação foi efetivada em 2011, bem como a qualificação ocorreu em 2015. Mesmo assim estranhamente reaparece na LDO de 2016.

Algumas intervenções propostas como a instalação de uma rede para interligação de órgãos e instituições com a finalidade de propiciar o aumento da eficiência administrativa, que aparecem na última LOA do período anterior (2010-2013), ultrapassam o período e reaparecem neste (2014-2017) na LDO de 2014 e 2015, e na LOA de 2014, desaparecendo nos demais anos, supondo-se a correta implementação do proposto em 2014, em que pese aparecer como diretriz em 2014 e 2015. Portanto, estas constatações caracterizam uma suposta ausência de monitoramento dos instrumentos de planejamento governamental, que desnecessariamente acabam sendo repetidos em anos posteriores, mesmo que já supostamente implementados. Ou ainda, podem indicar uma mera reprodução destes instrumentos com o propósito de cumprir com ditames legais e burocráticos.

4.7.3 Administração Pública municipal de Santo Ângelo

No primeiro ano do período de 2010 a 2013, na Administração de Santo Ângelo se identifica um alinhamento entre o planejamento do PPA e LDO. Alinhamento que não ocorre com a LOA, onde se apresentam as propostas de execução. Aponta-se poucas intervenções – cinco (05) – se comparadas com as intervenções planejadas no PPA e LDO, aproximadamente vinte e quatro (24). Na LOA de 2010 é possível identificar apenas a preocupação com a qualificação dos servidores públicos e com a modernização administrativa, padecendo as demais propostas de intervenção de execução no corrente ano.

Destaca-se do PPA deste período a realização de um "Levantamento situacional do perfil intelectual dos servidores para que sirva de direcionamento para tomada de decisões"; e, ainda a propositura de um "Vetor incentivador, inserindo na legislação dispositivos que garantam um plus a mais aos que busquem o aprimoramento intelectual, motivando o servidor aos estudos". Não obstante apresentadas no PPA, não servem de inspiração para as LDOs e LOAs do corrente período de planejamento orçamentário e de gestão. Nem mesmo a implantação da nova sede da administração municipal, previsto no PPA, é objeto de proposta de execução nas LOAs deste período, vindo a reaparecer somente no período seguinte de 2014-2017, agora não somente no PPA como também nas LDOs e LOAs.

No ano de 2011 repete-se o alinhamento identificado entre PPA e LDO, o que não ocorre com a LOA, que carece de proposituras de execução, identificando-se poucas ações se comparadas com as políticas planejadas. Observa-se apenas a preocupação com modernização administrativa, e incentivo a qualificação e crescimento intelectual.

No ano subsequente (2012) percebe-se um alinhamento entre o planejamento do PPA e LOA (ausente a LDO), onde são identificadas proposições de execução alinhadas com as propostas de intervenção planejadas no PPA. Alinhamento que não havia ocorrido nos anos anteriores. Na LOA de 2012 se repete a preocupação com modernização administrativa, a qualificação e crescimento intelectual dos servidores, padecendo as demais propostas de execução no orçamento.

No ano de 2013 é possível vislumbrar um alinhamento entre os três instrumentos – PPA, LDO e LOA –, em que pese serem identificadas poucas propostas de execução na LOA se comparadas com as planejadas. Na LOA de 2013 se mantém a preocupação com a modernização da administração, com uma especial atenção ao setor de fiscalização tributária e licitações, não fazendo referência neste ano a políticas direcionadas aos servidores públicos, em que pese haver abundantes propostas de intervenções direcionadas a este domínio no PPA e LDO de 2013.

Neste período consecutivo (2014-2017), sob a orientação de um novo PPA, o ano de 2014 mantém um alinhamento entre os instrumentos de planejamento do PPA, LDO e as propostas de execução na LOA. Ficando de fora da LOA deste ano, apenas as propostas de ações relacionadas as Políticas de recursos humanos, em que pese previstas no PPA do período e na LDO de 2014.

No ano de 2015 é possível identificar um alinhamento entre os instrumentos de planejamento do PPA, LDO e a LOA. Com atenção voltada para modernização da administração, capacitação dos servidores, prevenção de acidente de trabalho, e a construção do novo prédio da Administração Pública municipal. Representando uma atenção da Administração ao planejamento governamental e as Políticas de Gestão Pública que promovem melhorias na gestão pública.

No ano de 2016 vislumbra-se um alinhamento entre o planejado no PPA – ausente a LDO – e as propostas de execução na LOA. Embora ocorrer uma idêntica repetição das propostas de intervenção e de execução do ano anterior.

O ano de 2017 repete o ano de 2016 – ausente também a LDO – o que reflete uma desatenção com o planejamento orçamentário e de gestão. Constatação que leva a conclusão de que estas propostas de intervenção e de execução orçamentária que repetem-se ano após ano, indicam uma ausência de planejamento, monitoramento e avaliação das proposições pela Administração Pública, na busca pela concretização das propostas idealizados ao longo do PPA e LDO. Ou ainda, pior, uma mera reprodução de peças de planejamento orçamentário e de gestão com o propósito de cumprir apenas com as disposições legais e burocráticas.

4.7.4 Administração Pública municipal de Santa Rosa

Na Administração de Santa Rosa identifica-se uma ausência de utilização do PPA, LDO e LOA como instrumento de orientação governamental e planejamento de Gestão, pois no período de 2010 a 2013, o PPA prevê apenas uma intervenção, repetida nas respectivas LDOs e LOAs. É possível identificar um alinhamento, mas de apenas uma Política de Gestão Pública genérica, ampla e imprecisa. O que diferencia o ano de 2010 e 2011 é a preocupação com a modernização do plano de cargos e carreira, e a qualificação dos servidores, que desaparecem nas LDOs seguintes de 2012 e 2013.

Esta é a única proposta de intervenção e de execução orçamentária apresentada neste período: "Assegurar a manutenção dos serviços administrativos, bem como o desenvolvimento da capacitação técnica dos servidores e agentes públicos".

Nos quatro anos seguintes, que compreendem o segundo período de 2014 a 2017, repete-se a ausência de utilização do PPA, LDO e LOA como instrumento de orientação governamental, pois neste período novamente se propõe apenas uma intervenção que é repetida como diretriz nas LDOs, e como proposta de execução orçamentária na LOAs de todo o período. É possível afirmar que houve um alinhamento, mas de apenas uma proposta de intervenção de Política de Gestão Pública, imprecisa, genérica e ampla. O que diferencia o ano de 2017 é o surgimento na LOA da preocupação com a proteção e benefícios ao servidor.

Esta é a única proposta de intervenção e de execução orçamentária apresentada neste período: "Desenvolver ações que visem despesas com atividades de apoio administrativos de todos os órgãos da administração municipal. Garantir melhor qualidade ao gasto público otimizando as tarefas executivas pelo aparato de apoio administrativo municipal".

Esta constatação da ausência de planejamento governamental ou até da mera reprodução de intervenções em domínios de políticas, e propostas de execução na Administração de Santa Rosa, podem levar à conclusão de que estes instrumentos de planejamento orçamentário e de gestão tem servido apenas ao propósito de cumprir com as disposições legais e burocráticas, não cumprindo com sua principal finalidade, qual seja, contribuir para o planejamento da gestão pública, por meio de Políticas de Gestão Pública que promovam ações e medidas instrumentais que criam e viabilizam condições de gestão, tornando a Administração proficiente e garantindo uma boa Administração e um bom governo.

O quadro 06 apresenta uma comparação das intervenções de Políticas de Gestão Pública por município ao longo dos dois períodos, facilitando a compreensão pelo leitor.

Quadro 06: Comparação das intervenções de PGP por município

Ano/ Município	2010	2011	2012	2013	2014	2015	2016	2017
Erechim			reprodução (2011)	reprodução (2011)				
Ijui						reprodução (2014)	reprodução (2014)	reprodução (2014)
Santo Ângelo							reprodução (2015)	reprodução (2015)
Santa Rosa		reprodução (2010)	reprodução (2010)	reprodução (2010)		reprodução (2014)	reprodução (2014)	reprodução (2014)

Fonte: Elaborado pelo autor

Estas últimas três seções – 4.5, 4.6 e 4.7 – encerram um conteúdo predominantemente empírico sobre as prioridades, frequência e compreensão das intervenções de Políticas de Gestão Pública, bem como a análise do alinhamento destas intervenções nos instrumentos de planejamento orçamentário e de gestão.

A Administração Pública possui valores e compromissos,

informados pelo conceito de Estado, e fortemente influenciada por sua orientação para a sociedade e para o interesse público. O Estado por ser uma pessoa política, legitimada pelo Direito não possui vontade nem ação própria, como possuem as pessoas físicas. No entanto, são lhe reconhecidos responsabilidades, e o "agir" do Estado neste sentido materializa-se por meio da Administração Pública. E o governo é o responsável por discricionariamente orientar os rumos da Administração Pública por meio de uma gestão pública eficiente e comprometida com os preceitos constitucionais.

E para que sejam cumpridos estes preceitos em direção a um bom governo e uma boa Administração Pública faz-se necessário a percepção da importância, e o emprego adequado pelos governantes dos instrumentos de planejamento governamental – PPA, LDO e LOA – como ferramentas de construção desta proficiência administrativa, vinculada aos preceitos constitucionais; como também a percepção do protagonismo, nestes instrumentos de planejamento, das Políticas de Gestão Pública que promovem ações e medidas instrumentais que criam e viabilizam condições de gestão pública.

5 EM BUSCA DAS POLÍTICAS DE GESTÃO PÚBLICA

E SEU PROTAGONISMO NAS ADMINISTRAÇÕES MUNICIPAIS

Ao considerar-se que a Administração Pública é o Estado em ação, a concretização do Estado democrático de direito perpassa a necessidade de uma gestão pública democrática e vai em direção à garantia de uma boa Administração e de um bom Governo. O propósito deste seguimento final é qualificar brevemente proposições acessórias às apresentadas nesta dissertação, no sentido de enunciar o necessário protagonismo de políticas, que com sensatez, apreciem e analisem a Administração Pública a partir da realidade na qual está inserida, compreendendo suas necessidades e sua finalidade de consubstancializar direitos reconhecidos pelo Estado na Constituição.

Sem a existência da Administração Pública a proclamação de direitos fundamentais pelo Estado careceria de relevância prática, perderia o Estado sua função precípua de promover estes direitos, uma vez que é a Administração Pública quem as instrumentaliza, além de ter também o dever de prover o direito fundamental à boa Administração proficiente, cumpridora de seus deveres, com transparência, sustentabilidade, motivação proporcional, imparcialidade e respeito à moralidade, à participação social e à plena responsabilidade por suas condutas omissivas e comissivas.

Desnecessário reapresentar a importância da Administração Pública, como aquele órgão responsável por dar "vida" ao Estado. Nem mesmo, alongar a discussão sobre os modelos de administração e "reformas administrativas". Mas salutar é destacar que a Administração Pública deve ser pensada a partir de uma concepção de política pública. E, é com essa compreensão e prioridade que será possível por meio de políticas de gestão, idealizar e construir uma Administração Pública enredada aos preceitos constitucionais.

Enfim, a readequação organizacional da Administração Pública requer uma convergência de esforços dos governantes e da sociedade com o propósito de corrigir as anomalias que desconstroem sua legitimidade e proficiência. Readequação que não se confunde com a "modernização administrativa" ou "reformas administrativas" com facetas instrumentais e restritas ao universo dos processos organizacionais de curto e imediato prazo, em absoluto descuido ao processo de planejamento governamental e preceitos fundamentais.

Nesse contexto, não é compreensível uma Administração Pública dissociada dos valores democráticos e do Estado de direito, apenas restrita ao meio e ao aprimoramento da racionalidade instrumental. Nem como um sistema puramente burocrático ou gerencial, indissociado do contexto político do Estado, sob pena de perder seu maior propósito de existência, a materialização e a garantia de direitos consagrados na Constituição.

Essa Administração Pública legítima e proficiente não

é resultado da simples substituição do velho pelo novo, de inovação ou tecnologia, baseadas na imposição de padrões discricionários que privilegiam governantes e burocratas em incompatíveis e desarrazoadas práticas clientelistas em afronta ao Estado democrático de direito. Mas, sim depende de uma investigação da realidade e da necessidade, sugerindo primeiramente a compreensão, e a posteriori a formulação de políticas direcionadas a atender suas carências.

Ao longo da leitura deste trabalho, pode ser percebido o enfoque dado, tanto ao valor da Administração Pública, quanto a importância de sua competente gestão, como também à necessária compreensão de sua realidade e necessidades, pois só assim será possível a propositura de soluções por meio de políticas que paulatinamente "renovarão" a Administração Pública.

Frente a esse cenário e à rara diversidade de aspectos teóricos com relação ao tema "Políticas de Gestão Pública", o trabalho se propõe superar essa consciente dificuldade de enfoques teóricos e empíricos, com relação a temática, voltando-se a enfatizar seu protagonismo e visibilidade. Dificuldade que já era uma inquietação que acompanhava o início do trabalho, mas só assim será possível aos poucos novas propostas e tempos melhores para a Administração Pública.

Desta forma, a preocupação inicial foi no sentido de esclarecer os aspectos metodológicos, e posteriormente construir os aspectos teóricos que fundamentam e esclarecem a necessidade de pensar, compreender, e reinventar a Administração Pública a partir da priorização de Políticas de Gestão Pública em estrita conformidade com os preceitos constitucionais, deixando de lado o enfoque das "reformas administrativas", que muitas das vezes, são pontuais e tem como propósito apenas "reformar" e não "renovar", em que pese a similitude dos termos em destaque, na prática representam o afronte de duas técnicas.

Não foi intenção deste trabalho avaliar as Políticas de Gestão Pública, até mesmo porque estas ainda nos eram desconhecidas. Mas sim, optou-se por caracterizá-las enquanto responsáveis pela proficiência administrativa, e destacá-las em meio a estrutura dos planejamentos governamentais, compreendendo as tendências e prioridades dadas pelos governos municipais a estas Políticas de Gestão Pública.

Neste sentido, cabe argumentar que a pesquisa possui um razoável grau de originalidade, logrando êxito ao alicerçar na literatura sobre o tema a visibilidade e indispensabilidade do protagonismo de Políticas de Gestão Pública no processo de renovação da Administração Pública. Pois é este protagonismo de políticas que promovem uma Administração Pública legítima, proficiente e proba, e não corriqueiras reformas intercadentes de governos, que mesmo legítimo pelo voto democrático e cidadão, deixam os fundamentos e objetivos do Estado à parte.

Também foi possível confirmar com base na literatura que as propostas de "reforma" da Administração Pública foram e sempre seguirão sendo uma questão que acompanha inexoravelmente sua existência. Mas, o reformismo autêntico, ou melhor, a renovação autêntica por este trabalho defendido, parte da aceitação substancial da realidade presente. Aquelas propostas reformistas partem de um pressuposto de que nada há de aproveitável no presente, pressuposto este radicalmente falso, ao corroborar a inutilidade plena ou a perversão completa do que está posto.

E, em meio a este embate, nada parece mais urgente do que também restaurar a confiança na gestão pública, que se renova, na proposta de tornar a Administração Pública proficiente; e são as Políticas de Gestão Pública que inovam nessa perspectiva, pois são os contornos da definição da existência deste problema público que dão à política o adjetivo de "pública". Renovação que desponta, a partir da construção e implementação de um projeto político capaz de subverter o padrão autoritário das reformas, uma vez que, os padrões ideais das diferentes formas de Administração dependem dos valores e das situações dentro das quais cada governo atua, partindo das necessidades locais e compreendendo a estrutura existente. É, a partir desta dimensão sociopolítica que deve ser repensada a dinâmica da Administração Pública e da gestão pública.

Para Baldo "na medida em que a prática da gestão pública colide com a cultura burocrática, torna-se necessário um saber que consiga contornar aquelas barreiras racionalizantes que protegem, no fundo, valores arraigados". E, esse "saber" deve ser orientado pela preocupação dos governos em detectar primeiramente as dificuldades presentes que a Administração Pública enfrenta, e, a partir dessa compreensão, por meio de planejamento governamental, propor políticas em direção a proficiência da Administração. As "reformas" que a Administração Pública brasileira passou, quando não "importaram" paradigmas descolados de nossa realidade, propuseram na maioria das vezes reestruturações pontuais e imediatistas, deixando de lado a legítima necessidade administrativa, muitas vezes pelo desconhecimento da realidade e da compreensão da necessidade que envolvem estas organizações públicas.

Como nova vertente na busca pela solução da proficiência da Administração Pública, a compreensão sobre sua funcionalidade e do governo, bem como a discussão sobre políticas que melhorem a gestão, seja em âmbito governamental ou na sociedade, merecem alcançar a precessão necessária, pois ainda atingem uma dimensão secundária diante das prioridades das políticas públicas finalísticas que ocupam a agenda e espaço de discussão pública.

É salutar, além do protagonismo, que a liberdade administrativa de escolhas destas políticas, seja exercida "em razão e nos limites" constitucionais. E o Estado-administração das escolhas públicas legítimas deve-se caracterizar, sobretudo, pelo hábito de compatibilizar o desenvolvimento e a sustentabilidade, em vez de ser um aparato tendente a excessos e a omissões; libertando-se dos abusos de poder e de prioridades de curto prazo; um modelo alicerçado numa racionalidade, mas ao lado da eficiência e dos preceitos constitucionais.

O direito fundamental à boa Administração determina a obrigação de justificar racionalmente, na tomada das decisões administrativas, a vinculação às prioridades constitucionais, repudiando quando o administrador age de modo inteiramente livre, assumindo ilícita atitude avessa à ativação dos direitos fundamentais, com o predomínio senhorial, subproduto da lógica patrimonialista. A falta de uma boa Administração acaba por caracterizar um mau governo. A boa Administração, cada vez mais, é considerada um direito de cidadania dos administrados, pois a existência de todo o aparato público só tem sentido se estiver voltado ao atendimento das demandas sociais. Vinculação aos preceitos constitucionais que em estreita sincronia com o "garantismo" firmado por Ferrajoli, subordina a Administração e a discricionariedade de seus governantes à legalidade constitucional em garantia de direitos dos cidadãos. A premissa fundamental desta teoria parte da antítese que atravessa a história da civilização entre liberdade e poder, para a construção dos alicerces do Estado de direito, cujo fundamento e finalidade são a tutela das liberdades do cidadão frente as várias formas de exercício arbitrário do poder.

Essa nova proposta de planejamento governamental, por meio de políticas, requer a construção de soluções compartilhadas pela via do empenho de esforços técnicos e a mais qualificada atuação política em busca de legitimidade social para as ações de governo. Administrar a *res publica* é pensar a sociedade, implementando políticas públicas, monitorando e avaliando essas ações e programas. Planejamento sob encargo do governante, que é responsável por capturar os reflexos mútuos entre as diferentes áreas advindos de cenários futuros projetados e desejados pela Administração Pública. E, por conseguinte, concebido com o intuito de transcender governos ou gestões e focalizado em ações de desenvolvimento das estruturas organizacionais orientadas pelos objetivos institucionais, decorrentes do interesse público.

Portanto, o planejamento e a administração são arrimos inseparáveis, pois as decisões programadas fornecem um referencial pelo qual se podem avaliar os problemas públicos, a definição da agenda, as propostas de políticas formuladas, a decisão adequada, e as propostas de execução, e ainda, as medidas corretivas cabíveis. E, a produção sistemática de informações, com base em diagnósticos e observações por meio da coleta de dados primários, cotejados com a teoria, como as proposições apresentadas nesta dissertação, qualificadas por estas acessórias, podem contribuir para a orientação do governante no processo de tomada de decisão, bem como na concepção de estratégias contextualizadas e customizadas. Estes diagnósticos e observações também poderão servir de contribuição para o processo de construção de consensos acerca dos macrobalizamentos dessa "nova" perspectiva de renovar a Administração Pública por meio de Políticas de Gestão Pública que, embora ainda não consagradas, são por excelência definição dos governos, e subordinados aos preceitos constitucionais.

O próprio acesso às intervenções em domínios de Políticas de Gestão Pública confirmaram sua importância e protagonismo, uma vez que não se teve dificuldades em mapeá-las e identificá-las por meio dos instrumentos legais de planejamento orçamentário e de gestão. Possivelmente devido a atenção das Administrações às Politicas de Gestão Pública relacionadas ao domínio da "Qualidade e transparência na prestação dos serviços públicos".

Nas quatro Administrações Públicas municipais pesquisadas foi identificado uma frequência maior de intervenções de Políticas de Gestão Pública no domínio de políticas de "recursos humanos" com 60 intervenções das 167 mapeadas, somados os quatro domínios. Em segundo lugar, as relacionadas ao "Papel do Estado, arquitetura organizacional e de serviços administrativos" com 56 intervenções, seguido das políticas de "Qualidade e transparência na prestação dos serviços públicos" com 31 intervenções. E, por fim, em quarto as políticas relacionadas ao domínio de "Ajuste fiscal, arrecadação e controle" com 20 intervenções mapeadas.

O mapeamento das prioridades em Políticas de Gestão

Pública aponta que as intervenções se alternam entre as que os governos municipais elegem como principais. Como é o caso dos municípios de Erechim, Santo Ângelo e Santa Rosa que priorizam "Políticas de RH"; já, o município de Ijuí optou pelas relacionadas ao "Papel do Estado, sua arquitetura organizacional e de serviços administrativos", com destaque a eleição pelo governo municipal da proposta política de intervenção de uma "reforma administrativa". Essas especificidades chamam atenção à importância destas políticas, e a prudência dos governantes na eleição das intervenções em atenção aos preceitos constitucionais de que a Administração Pública deve atender aos fins do Estado, além de prestar serviços públicos com qualidade e eficiência, e atender ao direito fundamental de uma boa Administração e de um bom Governo.

O que se denota de toda a coleta é a visibilidade de intervenções em domínios de Políticas de Gestão Pública ratificando o protagonismo destas em meio as Administrações municipais. Destoa das demais, a Administração do município de Santa Rosa que apresenta intervenções amplas e imprecisas em Políticas de Gestão Pública, o que não significa a ausência de intervenções na promoção de políticas públicas direcionadas a atividade-fim.

Além disso, este protagonismo das Políticas de Gestão Pública converge para o fato de que as intervenções na gestão pública tem se guiado e balizado nos preceitos constitucionais, fugindo da discricionariedade arbitrária e ilimitada que macula os governos e a Administrações Públicas. Ratificado também pelo alinhamento entre os instrumentos de planejamento orçamentário e de gestão, face a presença de uma compatibilização entre os planos. Não se trata de uma simples justaposição de planos, mas uma vinculação permanente e contínua, que não admite interrupção, uma vez que os planos mais globais abrangem os mais concretos, e a execução destes leva a materialização daqueles.

Então, é possível em análise pormenorizada afirmar que os governos municipais pesquisados têm se preocupado em orientar e planejar os rumos de suas Administrações Públicas, como também se propõem executar a maioria das intervenções em domínios de políticas de gestão planejadas nos PPA e LDOs. Das intervenções mapeadas, comparados os dois períodos (2010-2013 e 2014-2017), aponta-se uma contínua atenção à gestão pública pela não reprodução das intervenções de um período no outro, e sim, uma alternância ou quando necessário a manutenção destas, de acordo com a necessidade de cada Administração.

Porém, se analisadas as intervenções dentro de um único período do PPA (2010-2013 ou 2014-2017) é possível identificar, nos quatro anos, uma reprodução na íntegra das intervenções projetadas anualmente. Constatação que leva à conclusão da existência de um planejamento de intervenções e ações em gestão pública, mas que ao repetirem-se ano após ano, apontam a ausência de avaliação e monitoramento, bem como de execução das proposições, no sentido de concretizar os projetos idealizados ao longo do PPA e LDO, ou ainda, a uma mera reprodução de peças de planejamento orçamentário e de gestão com o propósito de cumprir apenas com as disposições legais e burocráticas.

Só o compromisso dos governantes com a Administração Pública por meio de Políticas de Gestão Pública, aliado aos princípios democráticos constitucionais será capaz de levar à proficiência desta Administração, com a garantia de uma boa Administração e um bom governo, que materializará a existência do Estado como instituição social, garantidor e promotor de direitos.

Em flagrante contraste com a demanda identificada de uma Administração Pública proficiente e proba, existem poucos trabalhos acerca desta relação Estado, Administração Pública, governo e Políticas de Gestão Pública. Carência que pode ser explicada pela incipiência de estudos relacionados às Políticas de Gestão Pública, e pela premente demanda social de prestação de serviços públicos sem reparar na importância que se deve dar previamente à Administração Pública, por ser essa quem instrumentaliza as ações do Estado.

Ao final é mister enfatizar que esta procura por tornar a Administração Pública proficiente e proba deve ser orientada a partir de suas necessidades, e pela compreensão da sistemática do Estado democrático de direito, em vez de meras "reformas" pontuais, que descaracterizam a real importância da Administração Pública na construção de uma sociedade livre, justa e solidária, em referência ao inciso I, do artigo 3º da Constituição Federal de 1988.

O estudo demonstrou que a maior parte dos governos municipais têm se preocupado em orientar e planejar os rumos de suas Administrações por meio de Políticas de Gestão Pública, bem como, executá-las em prol de uma proficiência administrativa, e em garantia de um bom governo e uma boa Administração. Dessa forma, o protagonismo e o constante aperfeiçoamento das Políticas de Gestão Pública tornam-se de fundamental importância para minimizar problemas decorrentes da falta de proficiência e probidade da Administração Pública.

Neste sentido, termino fazendo duas perguntas: Como mensurar os resultados da capacidade de intervenções de Políticas de Gestão Pública que promovam ações e medidas instrumentais que criam e viabilizam condições de gestão nas Administrações Públicas? Seria possível medir esses resultados, considerando que a literatura sobre o tema confirma a importância do seu protagonismo, e a coleta de dados identifica a visibilidade destas Políticas de Gestão Pública nas Administrações Públicas municipais?

Por fim, o trabalho perseguiu sempre seu objetivo, qual seja, o de construir um referencial teórico que possibilita-se a compreensão das Políticas de Gestão Pública, além de procurar dar visibilidade às mesmas, e observar seu protagonismo nas Administrações Públicas municipais pesquisadas. No entanto, as condições de trabalho presentes na realização de um mestrado não permitiram aprofundar a análise desejada, no sentido de poder mensurar os resultados destas intervenções em domínios de Políticas de Gestão Pública, ficando como tema para futuros estudos.

para futuros estudos.

REFERÊNCIAS

BALDO, Rafael Antonio. **Novos Horizontes para a Gestão Pública.** Curitiba: Juruá, 2014.

BARDIN, Laurence. **Análise de conteúdo.** Portugal: Edições 70, 2006.

BERGUE, Sandro Trescatro. **Gestão estratégica de pessoas no setor público.** São Paulo: Atlas, 2014.

BERNARDONI, Doralice Lopes; CRUZ, June Alisson Westarb. **Planejamento e orçamento na Administração Pública.** 2. ed. Curitiba: Ibpex, 2010.

BOBBIO, Noberto. **O futuro da democracia.** Tradução de Marco Aurélio Nogueira. 7. ed. São Paulo: Paz e Terra, 2000.

__________. **Estado, governo, sociedade**: para uma teoria geral da política. 14. ed. São Paulo: Paz e Terra, 2007.

BRASIL. **Constituição da República Federativa do Brasil de 1988.** Coleção Saraiva de Legislação. 52. ed. São Paula: Saraiva, 2015.

__________. Ministério do planejamento, orçamento e gestão. **Planejamento estratégico 2012-2015,** Brasília, 2011. Disponível em: <http://www.planejamento.gov.br/secretarias/upload/Arquivos/publicacao/planejamento_estrategico/130314_planejamento_estrategico.pdf >. Acesso em: 18 out. 2016.

__________. Ministério do Planejamento, Orçamento e Gestão. Secretaria de Orçamento Federal. **Manual técnico de orçamento MTO,** Brasília, 2015. Disponível em: <http://www.orcamentofederal.gov.br/informacoes-orcamentarias/manual-tecnico/mto_2016_1aedicao-200515.pdf>. Acesso em: 21 mar. 2017.

__________. Presidência da República. Casa Civil. Subchefia para Assuntos Jurídicos. Código Civil. Lei n. 10.406 de 2002. **Portal da Legislação**, Brasília, jan. 2002. Disponível em: <http://www.planalto.gov.br/ccivil_03/leis/2002/L10406.htm>. Acesso em: 18 out. 2016.

__________. Presidência da República. Casa Civil. Subchefia para Assuntos Jurídicos. Lei de Responsabilidade Fiscal. Lei complementar n. 101 de 2000. **Portal da Legislação**, Brasília, maio 2000. Disponível em: <http://www.planalto.gov.br/ccivil_03/leis/LCP/Lcp101.htm>. Acesso em: 18 out.

2016.

__________. Superior Tribunal de Justiça. Recurso em Mandado de Segurança nº 5.590/95/DF – Distrito Federal. Relator: Luiz Vicente Cernicchiaro. **Pesquisa de Jurisprudência**, Acórdãos, 10 jun. 1996. Disponível em: <http://www.stj.jus.br/SCON/>. Acesso em: 15 out. 2016.

__________. Supremo Tribunal Federal. Ação direta de inconstitucionalidade nº 2.661/MA – Distrito Federal. Relator: Celso de Mello. **Pesquisa de Jurisprudência**, Acórdãos, 05 jun. 2002. Disponível em: <http://www.stf.jus.br/portal/jurisprudencia/pesquisarJurisprudencia.asp>. Acesso em: 18 out. 2016.

__________. Supremo Tribunal Federal. Ação direta de inconstitucionalidade nº 3.026/DF – Distrito Federal. Relator: Eros Grau. **Pesquisa de Jurisprudência**, Acórdãos, 08 jun. 2006. Disponível em: <http://www.stf.jus.br/portal/jurisprudencia/pesquisarJurisprudencia.asp>. Acesso em: 18 out. 2016.

__________. Supremo Tribunal Federal. Mandado de Segurança nº 24.872/DF – Distrito Federal. Relator: Marco Aurélio. **Pesquisa de Jurisprudência**, Acórdãos, 30 jun. 2005. Disponível em: <http://www.stf.jus.br/portal/jurisprudencia/pesquisarJurisprudencia.asp>. Acesso em: 18 out. 2016.

__________. Supremo Tribunal Federal. Suspensão de Segurança nº 3.902/SP – Distrito Federal. Relator: Ayres Brito. **Pesquisa de Jurisprudência**, Acórdãos, 09 jun. 2011. Disponível em: <http://www.stf.jus.br/portal/jurisprudencia/pesquisarJurisprudencia.asp>. Acesso em: 18 out. 2016.

BRESSER-PEREIRA, Luiz Carlos. Bom Estado e Bom Governo. Prefácio. In: DROR, Yehezkel. **A Capacidade para Governar**. São Paulo: Edições Fundap. 1999.

__________. Do Estado patrimonial ao gerencial. In: PINHEIRO, Paulo Sérgio; WILHEIM, Jorge; SACHS, Ignacy (Orgs.). **Brasil: um século de transformações**. São Paulo: Companhia das Letras, 2001.

CARNEIRO, Margareth F. Santos. **Gestão pública**: o papel do planejamento estratégico, gerenciamento de portifólio, programas e projetos e dos escritórios de projetos na modernização da gestão pública. Rio de Janeiro: Brasport, 2010.

CAVALCANTI, Bianor Scelza; RUEDIGER, Marco Aurélio; SOBREIRA, Rogerio. **Desenvolvimento e Construção Nacional:** Políticas Públicas. São Paulo: FGV, 2005.

CEGALLA, Domingos Paschoal. **Dicionário escolar da língua portuguesa**. 2. ed. São Paulo: Companhia editora nacional, 2008.

COELHO, Fernando de Souza. **Inovação na gestão pública**. São Paulo, 2015. Disponível em: <http://200.144.182.143/escolausp/wp-content/uploads/2015/05/Aula-10-de-junho.pdf >. Acesso em: 18 out. 2016.

CORRÊA, Darcísio. **A construção da cidadania**: Reflexões Histórico-políticas. Ijuí: Unijuí, 1999.

CRISTÓVAM, José Sérgio da Silva. **Administração Pública democrática e Supremacia do Interesse Público:** Novo regime jurídico-administrativo e seus princípios constitucionais estruturantes. Curitiva: Juruá, 2015.
DE PAULA, Ana Paula Paes. **Por uma nova gestão pública**. São Paulo: FGV, 2016.

DAL BOSCO, Maria Goretti. **Discricionariedade em Políticas Públicas:** Um olhar garantista da aplicação da Lei de Improbidade Administrativa. Curitiba: Juruá, 2008.

DIMOULIS, Dimitri; MARTINS, Leonardo. **Teoria Geral dos Direitos Fundamentais**. São Paulo: RT, 2007

DROR, Yehezkel. **A Capacidade para Governar**. São Paulo: Fundap, 1999.

EIDT, Celso. O que é o Homem?. In: SCHNEIDER, Paulo Rudi (Org.). **Introdução à Filosofia**. Ijuí: Unijuí. 1999.

FERRAJOLI, Luigi. **Derecho y Razón – Teoría del Garantismo Penal**. Madrid: Trotta, 1995.

FREITAS, juarez. **Direito Fundamental à boa administração pública**. 3. ed. São Paulo: Malheiros, 2014.

GAETANI, Francisco. Políticas de gestão pública e políticas regulatórias: contrastes e interfaces. In: IX Congreso Internacional del CLAD sobre la Reforma del Estado y de la Administración Pública, 2., 5 Nov., 2004, Madrid, España. **CLAD**. Madrid, 2004. Disponível em: <http://www.bresserpereira.org.br/Documents/MARE/Terceiros-Papers/05Gaetani_dic.pdf >. Acesso em: 18 out. 2016.

__________. **GAETANI, Francisco:** depoimento. Entrevistador: Sérgio Garschagen. In: Revista desafios do desenvolvimento. IPEA, ed. 36, ano 4, out. 2007. Disponível em: <https://politicaspublicas.cienciassociais.ufg.br/up/176/o/entrevista.pdf >. Acesso em: 19 out. 2016

GASPARINI, Diógenes. **Direito Administrativo**. 15. ed. São Paulo: Saraiva, 2010.

GIL, Antonio Carlos. **Como Elaborar projetos de Pesquisa**. 4. ed. São Paulo: Atlas, 2002.

__________. **Métodos e Técnicas de Pesquisa Social**. São Paulo: Atlas, 2008.

GODOY, Arilda Schmidt. Pesquisa Qualitativa Tipos Fundamentais. In: **Revista de Administração de Empresas**. São Paulo, v. 35, n. 3, p . 20-29 Mai./Jun. 1995. Disponível em: <http://www.scielo.br/pdf/rae/v35n3/a04v35n3.pdf >. Acesso em: 18 out. 2016.

GRAU, Nuria Cunill. **Repensando o público através da sociedade**: novas formas de gestão pública e representação social. Brasília: Revan, 1998.

HOBBES, Thomas. **Leviatã**. 2. ed. São Paulo: Martin Claret, 2012.

HÖFLING, ELOISA DE. Estado e políticas (públicas) sociais. **Cadernos Cedes**, v. 21, n. 55, Campinas, p. 30-41, 2001.

INSTITUTO BRASILEIRO DE GEOGRAFIA E ESTATÍSTICA – IBGE. **Dados dos Municípios**. 2017. Disponível em: <http://www.cidades.ibge.gov.br/v3/cidades/home-cidades>. Acesso em: 21 mar. 2017.

INSTITUTO BRASILEIRO DE GEOGRAFIA E ESTATÍSTICA – IBGE. **Perfil dos Municípios brasileiros – Gestão Pública 2015**. 2015. Disponível em: <http://munic.ibge.gov.br/index.php>. Acesso em: 21 mar. 2017.

JUSTEN FILHO, Marçal. **Curso de Direito Administrativo**. 11. ed. São Paulo: Revista dos Tribunais, 2015.

KAFKA, Franz. O castelo. Tradução e posfácio: Modesto Carone. São Paulo: Companhia de bolso, 2008.

KANT, Immanuel. **A Fundamentação da Metafísica dos Costumes**. São Paulo: Edipro, 2003.

KELMAN, Steven. **La política pública em el Estado moderno.** Traducción de Cristina Pina. Buenos Aires: Grupo Editor Latinoamericano, 1992.

LAKATOS, Eva Maria; MARCONI, Marina de Andrade. **Fundamentos da metodologia científica**. 5. ed. São Paulo: Atlas, 2003.

LAVILLE, Christian; DIONNE, Jean. **A construção do saber:** manual de metodologia da pesquisa em ciências humanas. Porto Alegre: Artmed, 1999

MAJEROWICZ, Nidia. Prefácio. In: OLIVEIRA, Saulo Barbará de (Org.). **Instrumentos de gestão pública**. São Paulo: Saraiva, 2015.

MAMMARELLA, Rosetta (Coord.). **O estado do Rio Grande do Sul e sua Região Metropolitana no Censo 2010.** [2010?]. Disponível em: <http://www.observatoriodasmetropoles.net/download/DEMOGRAFIA_RGS_E_RMPA%202000_2010.pdf>. Acesso em: 20 mar. 2017.

MAZZA, Alexandre. **Manual de Direito Administrativo**. 5. ed. São Paulo: Saraiva, 2015.

MATIAS-PEREIRA, José. **Manual de Gestão Pública Contemporânea**. 4. ed. São Paulo: Atlas, 2012.

__________. **Curso de Administração Pública**. 4. ed. São Paulo: Atlas, 2014.

MEIRELLES, Hely Lopes. **Direito municipal brasileiro**. 16. ed. São Paulo: Malheiros, 2008.

__________. **Direito administrativo brasileiro**. 35. ed. São Paulo: Malheiros, 2009.

MELLO, Celso Antônio Bandeira. **Curso de Direito Administrativo.** 27. ed. São Paulo: Malheiros, 2010.

MENDES, Gilmar Ferreira; BLANCO, Paulo Gustavo Gonet. **Curso de Direito Constitucional.** 10 ed. São Paulo: Saraiva, 2015.

MINAS GERAIS. Tribunal de Justiça. Ação Direta de Inconstitucionalidade nº 1.0000.12.073662-4/000/MG. Relator: Carlos Levenhagen. **Pesquisa de Jurisprudência**, Acórdãos, 19 nov. 2013. Disponível em: <http://www5.tjmg.jus.br/jurisprudencia/formEspelhoAcordao.do>. Acesso em: 10 fev. 2017.

__________. Tribunal de Justiça. Apelação Cível nº 1.0134.07.086661-8/004/MG. Relator: Belizário de Lacerda. **Pesquisa de Jurisprudência**, Acórdãos, 26 maio 2015. Disponível em: <http://www5.tjmg.jus.br/jurisprudencia/formEspelhoAcordao.do>. Acesso em: 10 fev. 2017.

__________. Tribunal de Justiça. Agravo de Instrumento nº 1.0183.16.005806-5/001/MG. Relator: Moreira Diniz. **Pesquisa de Jurisprudência**, Acórdãos, 01 dez. 2016a. Disponível em: <http://www5.tjmg.jus.br/jurisprudencia/formEspelhoAcordao.do>. Acesso em: 10 fev. 2017.

__________. Tribunal de Justiça. Agravo de Instrumento nº 1.0702.15.024923-4/002/MG. Relator: Moreira Diniz. **Pesquisa de Jurisprudência**, Acórdãos, 07 maio 2016b. Disponível em: <http://www5.tjmg.jus.br/jurisprudencia/formEspelhoAcordao.do>. Acesso em: 10 fev. 2017.

__________. Tribunal de Justiça. Apelação Cível nº 1.0687.14.001884-1/001/MG. Relator: Ângela de Lourdes Rodrigues. **Pesquisa de Jurisprudência**, Acórdãos, 13 out. 2016c. Disponível em: <http://www5.tjmg.jus.br/jurisprudencia/formEspelhoAcordao.do>. Acesso em: 10 fev. 2017.

__________. Tribunal de Justiça. Embargos de declaração nº 1.0460.06.022680-6/003/MG. Relator: Áurea Brasil. **Pesquisa de Jurisprudência**, Acórdãos, 17 jul. 2014. Disponível em: <http://www5.tjmg.jus.br/jurisprudencia/formEspelhoAcordao.do>. Acesso em: 10 fev. 2017.

MONTESQUIEU, Nicolau. **Considerações sobre as causas da grandeza dos romanos e de sua decadência**. Trad. Renato Moscateli. Porto Alegre: Edipucrs, 2010.

MORAES, Alexandre de. **Direito Constitucional**. 5 ed. São Paulo: Atlas, 1999.

MOUSQUER, João Victor Magalhães. **Estado e Gestão Pública:** O exercício da cidadania através de Politicas Públicas. Curitiba: Juruá, 2016.

MOZZATO, Anelise Rebelato; GRZYBOVSKI, Denize. Análise de conteúdo como técnica de análise de dados qualitativos no campo da administração: potencial e desafios. In: **Revista de Administração Contemporânea**, v. 15, n. 4, p. 731-747, 2011. Disponível em: <http://www.scielo.br/pdf/rac/v15n4/a10v15n4.pdf >. Acesso em: 18 out. 2016.

MUÑOZ, Jaime Rodríguez-Arana. **Direito Fundamental à boa Administração**

Pública. Tradução Daniel Wunder Hachem. Belo Horizonte: Fórum, 2012.

OLIVEIRA, Luiz Guilherme Schymura de. Prefácio. In: CAVALCANTI, Bianor Scelza; RUEDIGER, Marco Aurélio; SOBREIRA, Rogerio. **Desenvolvimento e Construção Nacional:** Políticas Públicas. São Paulo: FGV, 2005.

PASCARELLI FILHO, Mario. **Nova Administração Pública** – Profissionalização, Eficiência e Governança. São Paulo: DVS, 2011.

PONTES DE MIRANDA, Francisco Cavalcanti. **Comentários à Constituição de 1967**. Tomo IV. São Paulo: Revista dos Tribunais, 1967.

PRODANOV, Cleber Cristiano; DE FREITAS, Ernani Cesar. **Metodologia do Trabalho Científico:** Métodos e Técnicas da Pesquisa e do Trabalho Acadêmico. 2. ed. Novo Hamburgo: Feevale, 2013.

RAASCH, Ronaldo. O planejamento do Estado brasileiro. In: OLIVEIRA, Saulo Barbará de (Org.). **Instrumentos de gestão pública**. São Paulo: Saraiva, p. 53-86, 2015.

RIO GRANDE DO SUL. Tribunal de Justiça. Agravo de Instrumento nº 70016905168/RS. Relator: Genaro José Baroni Borges. **Pesquisa de Jurisprudência**, Acórdãos, 08 nov. 2006. Disponível em: <http://www.tjrs.jus.br/site/>. Acesso em: 18 out. 2016.

__________. Tribunal de Justiça. Apelação Cível nº 592043616/RS. Relator: Aldo Ayres Torres. **Pesquisa de Jurisprudência**, Acórdãos, 25 agos. 1992. Disponível em: <http://www.tjrs.jus.br/site/>. Acesso em: 18 out. 2016.

__________. Tribunal de Justiça. Apelação Cível nº 70033807207/RS. Relator: Carlos Roberto Lofego Canibal. **Pesquisa de Jurisprudência**, Acórdãos, 26 maio 2010. Disponível em: <http://www.tjrs.jus.br/site/>. Acesso em: 02 fev. 2017.

__________. Tribunal de Justiça. Apelação Cível nº 70036995421/RS. Relator: Denise Oliveira Cezar. **Pesquisa de Jurisprudência**, Acórdãos, 12 set. 2012. Disponível em: <http://www.tjrs.jus.br/site/>. Acesso em: 18 out. 2016.

__________. Tribunal de Justiça. Apelação Cível nº 70070460233/RS. Relator: Francesco Conti. **Pesquisa de Jurisprudência**, Acórdãos, 05 dez. 2016. Disponível em: <http://www.tjrs.jus.br/site/>. Acesso em: 02 fev. 2017.

ROUSSEAU, Jean-Jacques. **O Contrato Social**. São Paulo: Edipro, 2015.

SAMPIERI, Roberto Hernandez et al. **Metodologia de Pesquisa.** 5. ed. São Paulo: Penso, 2013.

SARAVIA, Enrique; FERRAREZI, Elisabete. **Políticas Públicas:** Coletânea vol. 1, Brasília: Enap, 2006.

SECCHI, Leonardo. **Políticas Públicas:** Conceitos, Esquemas de Análise, Casos Práticos. EUA: Cengage Learning, 2013.

SILVA, José Afonso. **Comentário contextual à Constituição**. São Paulo: Malheiros, 2010.

__________. **Curso de Direito Constitucional Positivo**. São Paulo: Malheiros, 2014.

SOUZA, Celina. Políticas públicas: uma revisão da literatura. **Revista Sociologias**, n.16, p. 20-45, 2006. Disponível em: <http://www.scielo.br/pdf/soc/n16/a03n16.pdf>. Acesso em: 12 abr. 2017.

SOUZA, Gisele Cecília de; SANTOS, Elines Tatianes Pereira dos. História da administração pública: uma síntese. In: OLIVEIRA, Saulo Barbará de (Org.). **Instrumentos de gestão pública**. São Paulo: Saraiva, p. 53-86, 2015.

UNIVERSIDADE FEDERAL DA FRONTEIRA SUL – UFFS. **Plano de desenvolvimento institucional 2012-2016,** 2012. Disponível em: <https://www.uffs.edu.br/institucional/a_uffs/a_instituicao/plano_de_desenvolvimento_institucional>. Acesso em: 20 mar. 2017.

VERGARA, Sylvia Constant. **Projetos e Relatórios de Pesquisa em Administração.** 2. ed. São Paulo: Atlas, 1998.

WALKER LO, Avant KC. Concept development. In: Walker LO, Avant KC. **Strategies for theory construction in nursing**. 3. ed. Norwalk: Appleton & Lange, 1995.

WU, Xu; RAMESH. M.; HOWLETT, Michael; FRITZEN, Scott. **Guia de Políticas Públicas:** gerenciando processos. Brasília: ENAP, 2014.

---

[1] Mesorregião geográfica conforme IBGE (2009) definida na seção 4.2

[2] Estado que não pode ser considerado como única forma de ordenamento social, já que existem outras forças como a moral, a religião, entre outras, que podem interferir na compreensão e reflexão sobre essa invenção nomeada Estado. Ver obra: BOURDIEU, Pierre. Sobre o Estado. Tradução: Rosa Freire d' Aguiar. São Paulo: Companhia das letras, 2014.

[3] Ver obra: KAFKA, Franz. O castelo. Tradução e posfácio: Modesto Carone. São Paulo: Companhia de bolso, 2008.

[4] Para aprofundar o debate sobre o Estado brasileiro. Ver obra: BRESSER-PEREIRA, Luis Carlos. A construção política do Brasil. Sociedade, Economia e Estado desde a independência. São Paulo: Editora 34, 2016; e, BRUM, Argemiro J. O desenvolvimento econômico brasileiro. Rio de Janeiro: Editora Vozes, 2011.

[5] Tema que será objeto de abordagem na seção 2.2.4.

[6] Tema abordado na seção 2.2.2.

[7] Princípio da moralidade objeto de análise na seção 2.2.2.

[8] NIETO GARCÍA, Alejandro. La "nueva" organización del desgobierno. Barcelona: Ariel, 1998.

[9] Mesorregião geográfica conforme IBGE (2009).

[10] Quadro 02 apresentado na seção 3.4.2.

Agradecimentos

A produção acadêmica, ainda que possa aparentemente representar o resultado de uma obra individual e solitária, na verdade traduz-se numa comunhão de esforços, estímulos e sentimentos. Assim, sem pretender esgotar o que é inesgotável, o ato de agradecer é singular, e traduz-se num complexo conjunto de momentos de nostalgia, superação e emoções. Inegavelmente sentimentos humanos, desprendendo-se do conjunto de procedimentos metodológicos, que procuram racionalmente orientar todo o processo de pesquisa científico.

Deste modo, primeiramente agradeço a Deus por estender sua mão e me guiar, sempre me encorajando e dando a força necessária para enfrentar os desafios, e superá-los. Aos meus pais por acreditarem e me apoiarem em minhas escolhas, e em especial a minha irmã Joseana pelo exemplo, carinho, incentivo, compreensão e apoio.

Ao meu estimado mestre Edemar Rotta pelas valiosas lições em sala de aula, acompanhando meu desenvolvimento acadêmico desde o ensino médio, passando pela graduação, e hoje neste programa de pós-graduação.

Um agradecimento ímpar ao meu orientador professor Gentil Corazza pelo apoio nesta jornada, pela disposição em orientar, pela compreensão e apontamentos, sempre esclarecedores e necessários ao processo de produção deste trabalho. Aos mestres da UFFS – *Campus* Cerro Largo, em especial a professora Sandra Vidal Nogueira e Serli Bolter pelo apoio e entusiasmo frente as dificuldades.

Aos meus amigos pela compreensão devido aos longos

dois anos de afastamento integral para dedicar-me aos estudos. Aos colegas do programa de pós-graduação e do núcleo trabalhista da Procuradoria Geral do Município de Santa Rosa.

Ao professor Fernando de Souza Coelho pela atenção, pois mesmo que distante – por e-mail – compartilhou de seu conhecimento. Aos professores da UNIJUÍ, LFG, ANHANGUERA e UNISUL pelas lições.

Lista de abreviaturas e siglas

Art. – Artigo

CF/88 – Constituição da República Federativa do Brasil de 1988

EC – Emenda Constitucional

FPM – Fundo de Participação dos Municípios

IBGE – Instituto Brasileiro de Geografia e Estatística

LDO – Lei de Diretrizes Orçamentárias

LOA – Lei Orçamentária Anual

LRF – Lei de Responsabilidade Fiscal

PGP – Políticas de Gestão Pública

MG – Minas Gerais

PIB – Produto Interno Bruto

PPA – Plano Plurianual

RH – recursos humanos

RS – Rio Grande do Sul

SIC – Serviço de Informação ao Cidadão

STF – Supremo Tribunal Federal

STJ – Superior Tribunal de Justiça

TJ – Tribunal de Justiça